神の民の解放

出エジプト記1～18章による説教

松本敏之［著］
Matsumoto Toshiyuki

キリスト新聞社

神の民の解放　出エジプト記1～18章による説教◉目次

目次

＊本文中の聖書引用は日本聖書協会『聖書　聖書協会共同訳』による。
＊聖書引用箇所を示す（　）内に書名がないものは、出エジプト記からの引用である。

1 不屈

出エジプト記一章一～二一節
マタイによる福音書一〇章一九～二〇節

過去と将来、二つの方向

出エジプト記という書物は、旧約聖書の中で、創世記に続く第二の書物です。話の前提は、創世記の終わりのほうにあります。アブラハムの孫であったヤコブには一二人の息子がいました。下から二番目の息子がヨセフです。このヨセフは父ヤコブの寵愛《ちょうあい》を受けて育つのですが、兄たちの嫉妬を買い、結託した兄たちによってエジプトに向かう商人たちに奴隷として売り渡されてしまいました。その後、不思議な導きにより、ヨセフはエジプトで大臣となり、食糧危機を救うことになります。ヨセフは食料を求めてエジプトにやって来た兄たちを赦し、ヤコブの一族をエジプトに呼び寄せました。ヨセフはエジプトにとって命の恩人ですから、一族はエジプト内で土地を与えられ、優遇されて過ごすことになりました。それが、出エジプトの物語が始まる前提であります。

「ヤコブと共に、それぞれ家族を連れてエジプトにやって来たイスラエルの子らの名は次のとおりである。」（一・二）

イスラエルというのは、もともとはヤコブが神様からいただいた別の名前でした。そして二～四節で一一人の名前が記されていますが、これはヨセフの兄弟たちの名前です。

「ヨセフとその兄弟たち、ならびにその世代の人々はすべて死んだが、イスラエルの人々は多くの子を産み、おびただしく増えて多くなり、ますます強くなって、国中に溢れた。」（一・六～七）

この七節の言葉は、過去と将来という二つの方向を同時に指し示しています。神はアブラハムに対して、「私はあなたの子孫を地の塵のように多くする。もし人が地の塵を数えることができるなら、あなたの子孫も数えることができるだろう」（創世記一三・一六）と約束されましたが、その約束はたとえ国を離れてしまっている時でも忘れられていない、ということ。それが過去という方向です。過去の約束がここに成就しているのです。もう一つは、子孫が増え広がったということ自体が、「出エジプト」という出来事の背景となっていくのですが、それが将来を指し示しています。

ちなみに、「イスラエルの人々」（小見出しでは「イスラエル人」）は、この後、「ヘブライ人」という呼び方もなされます（一・一五など）。「イスラエル人」と「ヘブライ人」はどう違うのかと思われる方もあるかもしれません。「イスラエル」というのは神から与えられた光栄ある名で、選びの民を指しています。「ヘブライ人」というのは、もともと「川向こうの人」という意味であり、出エジプト記では「エジプトでヘブライ語を話す外国人」ということになります。ファラオが言う場合など（一・一五）、文脈によっては差別的な意味が含まれます。出エジプト記では、その両者が微妙に使い分けられます。

移住難民の子孫

さて、物語はここから展開し始めます。世代が変わり、エジプトの人々は、ヨセフが命の恩人であったのも忘れ、急速に増え広がった移住者の子孫に脅威を覚え始めるのです。彼らはいわば、「本国」の経済危機の中で親族を頼りに移住してきた移住難民の子孫であると言えるでしょう。ですから、これは非常に今日的な話であります。ヨーロッパでも日本でも、そういう人々はどんどん増え続けています。そうした移住難民、あるいはもう少し広く言えば、移住労働者たちによって、国が脅威にさらされていると感じている人はたくさんいます。外国人が増えることによって治安が悪くなったとか、あるいは外国人が安く働くことによって、その国の人間の失業率が増えたとか、そういう声が出てきます。そして極右の考えをもつ人々がそうした声をあおって、政治の表舞台にまで出てきます。

しかしながら元をたどってみますと、日本なども移住労働力を必要としたから、彼らが入ってきたという事情があったわけです。一九八〇年代には、ブラジルやペルーからもたくさんの人、いわゆる「デカセギ」の人たちが日本へやって来ました。彼らの中には、その後本国へ帰った人もいますが、そのまま日本に定住している人たちもたくさんいます。

ヨセフがエジプトの恩人であったように、移住労働者たちには、「恩」とまでは言えないにしても、「借り」があると言えるでしょう。ところが国の経済事情が悪くなると、その「借り」も忘れて、とたんに厳しい対応をし始める。今日の場合には、待遇を悪くすることで本国に帰らざるを得ないようにしたり、あるいは不法滞在ということで強制退去させたりします。

この古代エジプトの場合は、逆に強制労働を課して、彼らを奴隷化することによって虐待していったという話です。ですから同じように語ることはできませんが、外国人が増え広がることで、本来その国にいた人々が脅威を覚え、それに対して何らかの行動に移るという意味では、ルーツは同じであろうかと思います。彼らを支配しようとするか、排除しようとするかの違いであって、共通するのは「共に生きようとはしない」ということです。

どんなに虐待されても

新しい王は、こう言いました。「イスラエルの民は、我らよりも多く、強い。さあ、知恵を働かせて、彼らが増えないようにしよう。戦いが起こると、彼らも敵に加わって我らと戦い、この地から出て行くかもしれない」(一・九~一〇)。

エジプト人は、イスラエルの人々に重労働を課して虐待しました。しかしイスラエルの人たちはどんなに虐待されても、それに屈しない。いや虐待されればされるほど、彼らは強くなり、増え広がっていきました。

そこでエジプトの王はとうとう二人のヘブライ人の助産婦を呼び出して、こう命令するのです。「お前たちがヘブライ人の女の出産を助けるとき、お産の台を見て、男の子ならば殺し、女の子なら生かしておけ」(一・一六)。

数が増え広がるのを食い止めるというのであれば、男の子を殺すよりも女の子を殺すほうが効果的ではないのかと思いますが、どういうわけか男の子を殺す命令を下しました。恐らく男たちはいつか自分たちに向かって武器を取り、反逆することになるかもしれない、という含みがあるのでしょう。

人よりも神に従う

助産婦のうち一人はシフラ、もう一人はプアという名前でした。シフラというのは「美しい」、プアというのは「輝き」という言葉からできた名前でした。彼女たち自身がヘブライ人であったのか、エジプト人であったのか、よくわかりません。「ヘブライ人の助産婦」とありますが、「ヘブライ人である助産婦」という意味なのか、それとも「ヘブライ人の子どもを取り上げる助産婦」という意味なのか、どちらにも取れるからです。しかしどちらにしても、驚くべきことに、二人は王の命令に従わなかったのです。もしも彼女たちがヘブライ人であったとすれば、それほどの迫害と脅迫にもかかわらず、彼女たちはそれに屈しなかった、ということになるでしょう。もしもエジプト人であったとすれば、自分の国王の命令といえども、その非人道的な命令に従うよりは、良心の声に聞き従ったということになるでしょう。

聖書は、このところで決定的に大事な言葉を書き記しております。それは「助産婦たちは神を畏《おそ》れていたので」（一・一七）という言葉です。「神を畏れていた」。現実には、ファラオが彼女たちを脅かし、恐れさせているのです。しかしそうしたぎりぎりの状況の中で、助産婦たちはエジプトの王ファラオよりも神を畏れた。「人に従うより、神に従うべきです」（使徒五・二九）と言ったペトロと同じ信仰が、ここに現れています。

彼女たちは、ファラオに向かって武力を行使したわけではありません。積極的に反逆したのではないのです。そんなことは彼女たちにできるはずもありませんし、思いもよらなかったでしょう。しかし彼女たちは明らかに王の命令に背きました。何かをすることによってではなく、むしろしないことによって、つまり赤ちゃんを殺さないという形で、王に抵抗し、背いたのです。そしてそれは、神様の壮大な計画の中で、なくてはならない役割を果たすことになっていきます。彼女たちはなぜ、それをしなかったのか、それは「神を畏れた」からでありました。「助産婦たちは神を畏れていたので、エジプトの王が命じたとおりにはせず、生まれた男の子を生かしておいた」（一・七）。現実に彼女たちを恐れさせている人間よりも、神を畏れたからでした。

何を言おうかと心配するな

彼女たちの行動はやがて発覚します。エジプトの王は彼女たちを呼びつけて問いただしました。「なぜお前たちはこのようなことをし、生まれた男の子を生かしておいたのか」（一・一八）。王のこの詰問に対して、彼女たちは非常に機知に富んだ言い逃れをします。「へブライ人の女はエジプト人の女とは違うのです。彼女たちは丈夫で、助産婦が行く前に産んでしまいます」（一・一九）。

彼女たちは恐らくとっさにそう答えたのでしょう。これは、イエス・キリストの次の言葉を彷彿《ほうふつ》とさせるものです。「引き渡されたときは、何をどう言おうかと心配してはならない。言うべきことは、その時に示される。というのは、語るのはあなたがたではなく、あなたがたの中で語ってくださる父の霊だからである」（マタイ一〇・一九～二〇）。

彼女たちのとった行動は、現代に生きる私たちにとっても示唆に富んだものです。自分たちの上に、もしも非人道的な命令が下されたら、どうすればよいのか。もしそれが正当に、その国の法に則《のっと》った形で下されているならば、その命令に従うのが「法的に正しい」ことでしょう。それに従わなければ罰せられます。

しかし彼女たちの行動は、この世の法が誰かの人権を侵し、虐待し、やがては死にいたらしめるものであるならば、それに嘘をついてでも従わないということを示唆しています。上からの抑圧に対して断固として闘っていくというのも、一つの抵抗のあり方かもしれませんが、みんながみんなそれをできるわけではないでしょう。

そうした中で、私たちは、どのようにしてそのような非人道的な声に従わないで、神様の声に従っていくのか。彼女たちは、その場を機知に富んだ言い訳で切り抜けながら、自分の生活を守り、事実上それと闘っていったのです。そうしたことが、今日の私たちにも求められている、あるいはそのようにして隣人を助けていくことが求められているのではないでしょうか。

背後で神が彼女たちを導かれた

私は、そのような彼女たちのとった行動を思う時に、神を畏れる信仰と勇敢さに感心すると同時に、彼女たちの行動の背後には神様が立っておられて、彼女たちを導いておられたに違いないと思うのです。言い換えれば、神様は彼女たちの信仰を用いて子どもたちを守られたのです。そのことは出エジプト記の二章にまで続いていきます。二章に入っていきますと、さらにいろいろな人を用いながら、もう少し厳密に言うならば、いろいろな女性たちを用いながら、モーセを守られることになります。

この物語を読みながら、多くの人は、イエス・キリスト誕生の時に起きた痛ましい事件を思い起こすのではないでしょうか。ヘロデ王は「ユダヤに新しい王が生まれた」という話を聞いて不安になり、何としてでも、新しい王となられる赤ちゃんを殺そうとします。そして二歳以下の赤ちゃんを皆殺しにするよう、命令を下すのです。それは出エジプト記一章二二節に書かれている命令の再現のようです。しかしながら、ヘロデがどんなに力を尽くしても、どんなに大きな軍隊をもってしても、イエス・キリストを殺すことはできませんでした。神様がふさわしい人間（ヨセフ）を立てて、その赤ちゃんを守られたからです。

神を畏れる信仰

今日においても、大人たちの争いに巻き込まれて、多くの子どもたちが命を失っています。しかし神様はそうした事態をただ放っておかれるのではないと思います。むしろあの時、助産婦たちを用いて、子どもたちを守り抜かれたように、神様は、今私たちを用いながら、子どもたちを守り、事を起こそうとしておられるのではないでしょうか。

今日のイスラエル国家とパレスチナの関係に目を向ける時に、複雑な気持ちになり、心が痛みます。聖書の物語と照らし合わせると、あの時抑圧され、虐待され、しかし神様の導きによって救い出されたイスラエルの民の子孫であると自認する人々が、いかに簡単に抑圧者の側に立ってしまうのかということに驚かざるを得ません。人間の罪深さを思います。しかしそうしたイスラエルの中からも、良心的な声が（かすかではありますが）、聞こえてきます。たとえばイスラエルの若い兵士たちの中には、パレスチナ侵攻のためには軍務に服さない、これを拒否するという青年たちが少なからずいる、というニュースを見ました。それはその国の法律という枠組みの中では違法なのです。しかしそうした法律に従うよりは、良心の声に聞き従う。「神を畏れている」からではないでしょうか。そこには助産婦たちが神を畏れていたのと同じ信仰があるに違いありません。
私たちは、そのような人々を孤立させてはならないと思います。そうした人々を支援し、連帯していく側にも、「神を畏れる信仰」が必要でありましょう。神様は、世界のあちこちでそのような人々を求めておられるのではないでしょうか。真の意味で、神を畏れる信仰、それはこの世のさまざまな力にただ従順に、考えなしに従っていくのではなく、神様が今、私たちに何を求めておられるのかを探り、その声に従っていく信仰です。そのような信仰をもって、私たちも歩み始めましょう。

（二〇二〇年一月二六日）

2 連携

出エジプト記一章二二節～二章一〇節
コリントの信徒への手紙一　三章六～七節

赤ちゃん救出リレー

助産婦たちはエジプトの王ファラオの「男の赤ちゃんは皆殺しにせよ」という命令に背き、赤ちゃんを生かしておいたのですが、その後ファラオはさらに厳しい命令を下します。「生まれた男の子は一人残らずナイル川に投げ込め」（一・二二）。物語はそこから突然、一人の赤ちゃんをめぐる話へと集中していきます。この赤ちゃんこそ、やがてエジプト脱出のリーダーとなるモーセでした。

「レビの家のある男が、レビ人の娘をめとった。女は身ごもり、男の子を産んだ」（二・一～二）。六章二〇節によれば、この夫婦はアムラムとヨケベドという名前でした。

赤ちゃんのお母さん、ヨケベドは、生まれた子どもがあまりにもかわいかったので、殺すに忍びなく、三か月間隠しておきました。しかしついに隠しきれなくなって、その赤ちゃんを手放す決心をします。パピルスで小さな舟のような籠《かご》を作り、アスファルトと樹脂で防水加工をしました。その中に赤ちゃんを入れて、ナイル川の水草の茂みにそっと置いたのです。

その子のお姉さんが、一体どうなるだろうかと心配して、ずっとその様子をうかがっていました。彼女はミリアムという名前であり（民数記二六・五九）、それは新約聖書のマリアにつながる名前です。ちなみにモーセにはもう一人、三歳年上のアロンという兄がおります（七・七）。

そこへファラオの娘が水浴びをしに川へ下りて来ました。そこで水草の茂みで、パピルスの籠を発見するのです。そして女奴隷をやって取って来させます。彼女がそれを見ると、中には男の赤ちゃんがいるではありませんか。泣いております。彼女は不憫《ふびん》に思いました。「この子はヘブライ人の子です」（二・六）。そこへミリアムがさっと現れて、大胆にもファラオの娘にこう言うのです。「あなたのために、この子に乳を飲ませる乳母をヘブライ人の中から呼んで参りましょうか」（二・七）。ファラオの娘が「行って来なさい」（二・八）と言うと、ミリアムは、そこへその赤ちゃんの実の母親（つまり自分の母）を連れて来て紹介をしました。ファラオの娘は、その女性に「この赤子を連れて行って、私のために乳を飲ませなさい。私が手当てを払います」（二・九）と言って、赤ちゃんを彼女の手に渡しました。このあたりの運びは、本当に息をのむようにドラマティックです。そのようにして、この赤ちゃんは再び家に戻ることになります。

やがてその子に乳母が必要なくなった時、その子はファラオの娘の元に返され、ファラオの娘の子どもとして育てられます。彼女はその子をモーセと名付けました。

さてこれは、いわば赤ちゃんモーセの救出リレーのような物語ですが、その担い手はすべて女性です。モーセの実母、モーセの姉、そしてファラオの娘、再びモーセの姉、モーセの実母（乳母として）、ファラオの娘、というふうにリレーのバトンは引き継がれていきます。

モーセの実母、ヨケベド

それぞれの人間にスポットを当ててみましょう。まずモーセの実母、ヨケベドです。彼女はまず、ファラオの命令といえども、赤ちゃんを殺せませんでした。これは母親として、素直な、よく理解できる感情です。ただ彼女はもうその子を隠しきれないと思った時に、手放すのです。その時はどういう気持ちであったでしょうか。殺されるところを見るに忍びなかったのでしょうか。あるいは三か月も、その子を隠しておいたことがばれると自分も罰せられるからだったのでしょうか。私はそうではないと思います。ここに隠しているよりは、手放すほうが生き延びてくれる可能性が高い、と思ったのでしょう。まさかファラオの娘の目に留まるとは思っていなかったでしょうが、誰かエジプト人が育ててくれれば、と思ったのではないでしょうか。私はここにある種の信仰を見る思いがします。つまり「確かにこの子は神様から授かったものだ。もう一度神様の御手に委ねよう。もしも神様がそれをよしとされるならば、生かしてくださるだろう」。そのような信仰です。

そして、その母の祈りは聞き届けられます。その子は生かされ、そして不思議なことにもう一度彼女の手に委ねられるのです。このことには深い意味があります。つまり自分の子どもなのだけれども、別の誰かから預かった子どもとして、育てられるように命じられるのです。彼女の場合は王の娘でありました。ヨケベドからしてみれば、自分よりはるかに「高貴な方」がそれを命じている。その方から預かった子どもとして、自分の実の子どもを育てる。そしていつかはその方にお返ししなければならない。

私たちに授かる子どもも、実はこれと同じなのではないでしょうか。自分の子どもでありつつ、自分のものではない。その子の主人は、自分ではないのです。たまたまその子を「自分に代わって育ててくれ」と、委ねられたのです。その期間が短いか、長いかの差はあるでしょう。ヨケベドの場合は乳飲み子の時期だけが、委ねられた期間でありました。非常に短い。私たちの場合は、もう少し長いかもしれません。最近は子離れできない親が増えているようですが、遅かれ早かれ、その子は自分の手を離れ、そのお方にお返ししなければならないのです。私たちにとってそのお方というのは、神様でありますす。私たちはそのことをよくわきまえておかなければならないでしょう。

モーセの姉、ミリアム

さて、ここになくてはならぬ働きをする女性が登場します。モーセの姉ミリアムです。彼女のような人を何と言えばよいのでしょうか。母親思いで弟思い、しかも非常に聡明、利発な子どもです。ミリアムは、母親が祈りつつも、体が動かない時に、母の祈りをその身に引き受けて、その祈りが途絶えてしまわないように、しっかりと神様へつなぐ働きをしました。そういう意味では、母親の祈りのとりなしをしたと言えるでしょう。そして彼女は同時に、王女と母親との間のとりなしもいたしました。彼女にリレーのバトンが渡されたのはほんの一瞬です。彼女は赤ちゃんをじっと見守り、ファラオの娘が拾い上げたまさにその瞬間に飛び出して、自分の母親を紹介しただけです。しかしその一瞬がなければ、ファラオの娘と母親はつながらなかった、リレーは成功しなかったのです。

この世のさまざまな事業の中でも、こういう働きをする人がありますし、教会の業、信仰の業においても、そうでありましょう。普段は特に目立った働きをしていなくても、決定的な瞬間に大事な働きをする人があります。牧師の場合もそうです。何十年もある教会の牧師を務めて大きな貢献をする牧師もあれば、ほんの短い期間だけ、その教会の牧会を担うというケースもあります。しかしその働きが決定的に重要であり、それがなければその教会の歴史はつながらなかったということが時々あります。極端な場合は、たった一年だけ、いやあるアドバイスをしただけというケースもあるかもしれません。しかしあの時ミリアムが用いられたように、神様は不思議な時に不思議な形で、「神を畏れる人」を配置して、ご計画を進められるのです。

ファラオの娘

次に忘れてはならないのがファラオの娘です。神様はファラオの家庭の中にも、こういう人物を配置なさっていたのです。ファラオからすれば、「灯台もと暗し」になるでしょうか。彼女の人となりを思わせる言葉が、ここに記されています。「不憫に思って」（二・六）という言葉です。これは彼女の父、ファラオにはない感情でした。しかも彼女は「この子はヘブライ人の子です」と言っています。自分と同じエジプト人の子どもだから助けたのではないのです。ヘブライ人の子であるにもかかわらず、というのでもないのです。まさにヘブライ人の子どもであるがゆえに、不憫なのです。彼女は、この子が自分の父親の政策の犠牲者であることを知っていました。この時彼女は、「自分の父親は一体何とひどいことを命じているのだろう」と思ったのかもしれません。この子を引き受けるということは、せめてもの罪滅ぼしのような気持ちであったかもしれません。あるいは父親に対する彼女なりの、精一杯の反抗のしるしであったかもしれません。彼女もまた、「非人道的な命令に従うよりは、良心の声に従う。人を恐れるより、神を畏れる」、そういう信仰をもっていたと言えるでしょう。

しかし「宮殿に連れて帰ると、父親に見つかってしまうし、どうしようか」と困ったかもしれません。いやそう思わせる間もなく、ミリアムが飛び出したのです。本当に神様の計画は見事だと思います。

この時、王の娘は王の娘にしかできない貢献をしました。その場には彼女の他にも、たくさんの女性たちがいましたが、他の人ではどうすることもできませんでした。王の娘だからこそできたのです。王の娘だからこそ、ある種の決定権をもっていましたし、王の娘だからこそ、養育費を支払うだけの経済能力もあったのです。

侍女たち、女奴隷たち

ただ侍女たちや女奴隷たちも何もしていないというわけではありません。彼女たちも大事な貢献をしているのを見落としてはならないでしょう。彼女たちの直接の主人は、王の娘ですが、その上にはファラオがいるのをみんな知っているわけです。そして自分の主人である王の娘がファラオに背いているということも、みんな知っています。しかし誰もファラオに密告をしないで、王の娘に協力をするのです。彼女たちの中に、一人でもファラオ寄りの人間がいたら、いや、いてもおかしくないでしょう。そういう状況です。王の娘はかなり危ない橋を渡っています。しかしその時にみんな口を閉じて王の娘に協力しているのです。私は、この時ここにいた女性たちがみんな彼女と同じ気持ちであったからではないかと想像いたします。つまり、みんな「ヘブライ人の赤ちゃんがかわいそうだ。いくら何でもこのたびの王の命令はひどすぎる」と思ったのでしょう。

これは女性ならではの感覚ではないかと思います。

女性の強さ

私はこのモーセ救出リレーを担ったのが、たまたま全員女性であったのではないと思うのです。女性独特の思いやり、子どもを思う気持ちがリレーをつないでいったのではないでしょうか。ただそれをあまりに強調すると、それはそれで性差別になりかねませんので、あくまで個人差があることを前提にしての話ですが、この赤ちゃん救出リレーは、ある意味で「女性の強さ」というものを物語っているように思います。

一般的には、男と女を比べると、男のほうが強いというのが通念です。しかし必ずしもそうではないでしょう。そしてそのことを、人は昔から知っていたのではないでしょうか。男の強さというのは、筋力というか、物理的な力の強さです。暴力を振るった時には男のほうが勝つ。しかし人の強さというのは、筋力だけではありません。生き延びる強さ、命を守る強さというのは、昔から女性のほうが秀でていたのではないかという気がいたします。その強さの中には、あの助産婦たちが、ファラオの前でうそをついて言い逃れをして、自分の命を守りながら、同時に赤ちゃんの命を助けていったような知恵も含まれるでしょう。子どもを何としてでも守り抜くという強い意志。それは男よりも女のほうが強いのかもしれません。この時のモーセの父親と母親を比べてみてください。父親の影は薄いのです。父親のほうは、もしかすると男の赤ちゃんが生まれた段階で、「ああ男の子だった。残念だった」とあきらめてしまっていたのかもしれません。しかし母親はそういうわけにはいかない。自分の腹を痛めた子どもです。「いくら夫があきらめようと、私は最後まであきらめない」。そういう母ならではの強さがここにあるように思いました。

二人の母の背後におられる神

『讃美歌21』の三六四番に「いのちと愛に満つ」という賛美歌が収録されています。神様は母のような強さと、父のような優しさをもった方だということを歌った賛美歌です。これはこの歌詞を書いたブライアン・レンが大切にした神様のイメージです。その母の強さとは、命を守り、はぐくむ強さです。

さてモーセはヨケベドより生まれ、いったん王の娘のものとなり、またヨケベドの元に返り、その後王の娘の養子となっていきます。産みの母親と育ての母親がここにいます。ある年齢から先は王の娘が育てます。しかしこのモーセを本当に育ててくださったのは、この二人の背後におられる神様であるということを忘れてはならないでしょう。
最後に、先ほど読んでいただきましたパウロの言葉を思い起こしたいと思います。

「私が植え、アポロが水を注ぎました。しかし、成長させてくださったのは神です。ですから、大切なのは、植える者でも水を注ぐ者でもなく、成長させてくださる神なのです。」

（コリント一 三・六〜七）

（二〇二〇年二月一六日）

3 矛盾

出エジプト記二章一一～二五節
ヘブライ人への手紙一一章二四～二七節

エジプト人を打ち殺すモーセ

モーセはヘブライ人の子どもとして生まれた後、不思議な形でエジプトの王の娘の養子となり、いわばエジプトの王子として成長します。

「モーセが大きくなってからのこと、彼は自分の同胞のところに出て行き、彼らが苦役に服しているのを見た。モーセは一人のエジプト人が同胞のヘブライ人を打つのを見た。モーセは辺りを見回し、誰もいないのを確かめると、そのエジプト人を打ち倒し、砂に埋めた。」（二・一一～一二）

この言葉から、モーセは自分がヘブライ人であるのを知っていたことがわかります。一一節の「エジプト人が同胞のヘブライ人を打つ」というのは、多くの学者が言うように、内容的には「殺していた」ということでしょう。岩波書店版『旧約聖書』では、はっきり「打ち殺しているのを見た」と訳されています。ただし一二節の「(モーセは)打ち倒し」とは、原文では違う動詞が使われています。その使い分けには著者の思いがあるように思います。エジプト人が奴隷であるヘブライ人を殺していたのは、殺人事件とは言えないほど日常茶飯事であり、一方、モーセがエジプト人の監督を殺したのは、いわば非日常的事件であった、という含みがあるのかもしれません。

モーセは、自分の同胞が虐待され、迫害されているのを見るに耐えなかったと同時に、自分がエジプト人になってしまい、同胞を抑圧し、迫害する側に立っているということに耐えられなかったのではないでしょうか。ここには、正義感にあふれたモーセがいます。

争いの仲裁をするモーセ

翌日、別の事件が起きます。モーセは前日と同じ場所へ出て行くのですが、今度はヘブライ人同士が争いをしていました。モーセは仲裁に入り、「なぜ仲間を打つのか」と悪いほうをたしなめるのです。ここにも正義感に満ちたモーセがいます。ところが意外な答えが返ってきました。「誰がお前を我々の監督や裁き人としたのか。あのエジプト人を殺したように、私を殺そうというのか」（二・一四）。

モーセがこの時、王の娘の子とわかるような格好をしていたのかどうかはわかりませんが、よいものを食べて育っていますから、少なくとも体格は全く違っていたでしょう。しかもエジプト人を打ち殺すだけの力をもっています。この男は、モーセが前日エジプト人を打ち殺したのを知っていました。もしかするとみんなが知っていて、公然の秘密であったのかもしれません。この男はその情報を、自分を守るために暴露しました。

モーセにしてみれば、自分が問い詰められるのは全く意外であったでしょう。前日の事件で、どこか得意になっていたかもしれません。「自分はやはりヘブライ人だ。エジプト人の格好をしているけれども、心はヘブライ人だ。ここにいる人と同じだ」。そう思ったからこそ、争いの仲裁に入ったのです。「やめなさい闘う相手が違うだろう」。しかしその思いは見事に裏切られて、しっぺ返しを受けたのです。

いったん公になってしまった以上、いずれファラオの耳にも入るでしょう。事実ファラオはその事件を知り、モーセを殺そうとします。ファラオは、モーセがヘブライ人であることを前から知っていたのでしょうか。それともこの時点で知ったのでしょうか。とにかくこの事件をきっかけに、態度が変わっていきました。モーセはファラオの手を逃れて、ミディアン地方へと逃げて行きました。そこまでが物語の前半です。

娘たちを守るモーセ

ミディアン地方というのは、聖書巻末にある地図を見ますと、紅海（アカバ湾）の東側であることがわかります。随分遠くまで、逃れて来たものです。

モーセはそこにたどり着いて、とある井戸の傍らに腰を下ろしていました。七人の娘たちがやって来て、水汲みをしています。モーセはその情景をただじっと見ていたのでしょう。彼女たちが水を汲み終わり、いざ自分たちの父の羊たちに飲ませようとしたところへ、別の羊飼いたちがやって来て、その娘たちを追い出しました。彼らはただ単に彼女たちの邪魔をしただけではなく、彼女たちが一生懸命汲んだ水まで横取りしようとしたのです。モーセはそこでさっと立ち上がり、彼らを追い払いました。これは今日のテキストの三つ目の事件ですが、この三つの事件からすると、モーセはよほど腕力の強い男だったということ、そして本当に正義感の強い男であったことがわかります。

娘たちは家へ帰って行きました。父が尋ねます。「なぜお前たちは今日こんなに早く帰れたのか」（二・一八）。この言葉から、あの羊飼いたちの行動が、この日だけではなく、ほぼ毎日の出来事であったことがわかります。娘たちは、事情を話しました。「あるエジプト人が羊飼いたちから私たちを助けてくれたのです。私たちのために水を汲み、羊の群れにも水を飲ませてくれました」（二・一九）。それを聞いた父親は、あわててこう言います。「その方はどこにいるのだ。なぜお前たちは置いてきてしまったのか。食事をしていただくよう招きなさい」（二・二〇）。この三つの言葉は、彼の気持ちの推移をよく伝えています。だんだん気持ちが深まっていくのです。

娘たちは、「父親の許可なしに、勝手に男の人を連れ帰ることはできない」と、ぐっと気持ちを押しとどめていたのでしょう。「お父さんの許可が出た」というので、急いでモーセを迎えに行きました。その後、モーセはそこにとどまる決意をし、やがて娘の一人であるツィポラ（「メスの小鳥」の意）と結婚をします。

新約聖書の評価

新約聖書のヘブライ人への手紙は、この物語を次のように解釈して述べています。

「信仰によって、モーセは成人したとき、ファラオの娘の子と言われるのを拒んで、罪のはかない楽しみにふけるよりは、神の民と共に虐げられるほうを選び、キリストのゆえに受ける辱めをエジプトの宝にまさる富と考えました。」

（ヘブライ一一・二四～二六）

出エジプト記の事件をわずか数節に凝縮しています。ただこれは一つの解釈であり、絶対的ではないことをわきまえておく必要があるでしょう。使徒言行録の七章（ステファノの説教）でも、この事件について述べていますが、随分解釈が違います。ヘブライ人への手紙の著者が強調しているのは、「信仰」です。「ファラオの娘の子と言われる」よりも「神の民と共に虐げられる」こと、「罪のはかない楽しみ」よりも「キリストのゆえに受ける辱め」、そこに、この手紙の著者は「信仰」を見いだしています。虐待されている人、弱い立場にある人と共にあろうとするのは、「信仰」と関係があるというのです。それは、神様がまさにそういう方であるからです。神様に従うことが信仰であるならば、その神様の意志に沿って生きようとするのは信仰の応答でありましょう。御心を自分たちも生きる、ということです。

ヘブライ人への手紙の著者は、ここでキリストをもち出します。「キリストのゆえに受ける辱め」というところだけ読むと、モーセをイエス・キリストと同時代人か、あるいはそれ以降の人物であると誤解する人もあるかもしれません。もちろんそうではありません。モーセはイエス・キリストよりも約一三〇〇年も前の人物です。しかしどの時代であろうと、そのように虐待される人と共にあることは、「キリストのゆえに辱めを受ける」ことだと言うのです。

それは時代を超えて、今日の私たちにも当てはまるでしょう。イエス・キリストご自身がそういう人たちと共にあったからです。だから私たちもそこに自分を置くことで、キリストの苦しみに参与する者となるのです。イエス・キリストの有名な言葉を思い起こします。「よく言っておく。この最も小さな者の一人にしたのは、すなわち、私にしたのである」（マタイ二五・四〇）。モーセのようにキリストの一三〇〇年前であろうと、私たちのように、二〇〇〇年後であろうと、困窮している人のためにすることは、キリストのためにすることなのだと聖書は告げるのです。

二つの物語の対比

今日のテキストは、前半と後半の二つの物語から成り立っていますが、この二つは極めて対比的です。まず、前半のエジプトでの物語において、モーセはエジプト人であることをやめてヘブライ人であろうとします。ところがヘブライ人である同胞から拒否されてしまうのです。他方、後半のミディアンの物語では、皮肉にもモーセはエジプト人だと呼ばれています。しかしそれにもかかわらず、彼は受け入れられるのです。さらに前半の物語で拒否された結果、モーセは自分の生まれ故郷を立ち去ります。しかし後半の物語の結果、モーセは自分の第二の故郷となるべき安住の場所を見いだしていくのです。

暴力について

さてモーセはヘブライ人を助けようとして、結局一人のエジプト人を殺してしまうわけですが、これについて、私たちはどう受け止めるべきか。慎重に考えなければならないでしょう。聖書そのものは、このモーセが振るった暴力に対して、道徳的にそれが正しかったとか、間違っていたとか、何も記していません。称賛も非難もしていません。むしろ出来事だけを淡々と描き、判断は読者に委ねているようです。

モーセは自分のためではなくて、他の人のために不正をただす行為を行いました。彼は自分の命の危険を冒しながら、他の人を思う愛の気持ちから、いわば暴力をもって対抗しようとしました。モーセは自分のやったことは、同胞であるヘブライ人たちのためであり、彼らにも理解されるであろうと思っていたかもしれませんが、結果は、そのようにはなりませんでした。事件は違ったほうへと進んで行くのです。彼は、エジプト人を殺すことによって同胞に受け入れられることはなく、仲間になることもできず、むしろ反対にそこから離れざるを得なくなってしまいました。ここにモーセの矛盾があります。モーセは、この行為の結果として、結局エジプトを立ち去ることになります。

解放の神学のチャレンジ

私は、ニューヨークで学んでいた時に、第三世界、特にラテンアメリカから起こってきた解放の神学から大きなチャレンジを受けました。解放の神学の最も大事な点は、聖書のメッセージを内面的、心情的にだけに読むことから、ダイナミックに歴史のコンテクスト（状況）を踏まえ、社会的地平で読むことを促した点でしょう。「神様はこの世界において、この歴史の中で、今の社会状況の中で、虐待され、抑圧されている人々と共にあり、解放されるのだ」と大胆に語ります。ラテンアメリカの解放の神学は、軍政の時代に、一部の権力者によって大多数の貧しい民衆が抑えつけられている状況の中で生まれました。そこでは、神は決して中立的ではなく、貧しい者、抑圧されている者に味方されるというのです。

それは、この時ヘブライ人たちが日常的に殺されているのをモーセが見過ごしにできなかった状況に似ています。

ただこの時モーセが挫折して、矛盾の中に陥ってしまったように、今日の私たちも、同じような矛盾に陥ることがしばしばあります。しかしそうした矛盾の中でも、今何をなすべきかを神様に問いつつ、行動によって信仰を示していくのが大事であると思います。モーセの場合は、一時、その場から立ち去らざるを得なくなるのですが、それも神様によって備えられていた充電の時であったのでしょう。

モーセは、ツィポラとの間に与えられた男の子を「ゲルショム（寄留）」と名付けました。モーセが「私は異国の地で寄留者となった」（二・二二）と言ったことに基づいた名前です。この時、モーセはミディアンという異国にあって寄留者であったわけですが、この「寄留者」（ゲール）という言葉は、エジプトで奴隷となっていたイスラエル人という意味でも用いられます（二二・二〇等参照）。

モーセは、自分がエジプトの王の娘の子として、同胞を抑圧する側に立っているのをよしとせず、立場を変えて、抑圧されている人と共にあろうとしました。そこには、彼の正義感とひたむきさ、そして信仰が表れています。神は、そのようなモーセを育て、ご自身の計画の中で大きく用いられるようになります。

モーセがミディアンで過ごしていた間にも、エジプトでは同胞が苦しんでいました。しかし神様は、その声を決して聞かれなかったわけではありません。「重い苦役から助けを求める彼らの叫び声は神のもとに届いた。神はその呻きを耳にし、アブラハム、イサク、ヤコブとの契約を思い起こされた。神はイスラエルの人々を顧み、御心に留められた」（二一・二三～二四）。

神は彼らのために、モーセを新たな行動へと召し出されるのです。

（二〇二〇年三月八日）

4 召命

出エジプト記三章一～一二節
マタイによる福音書二八章一六～二〇節

私は何者か

　私たちの人生において最も大きな問いは、「私は何者か」という問いではないでしょうか。皆さんは、自分が一体誰であるか、何者であるか、ご存じでしょうか。履歴書に書くような客観的な事柄については知っています。しかしそれは「私は何者か」という深い問いに答えるものではありません。

　私は一体どういう人間なのか。一体何のために生まれてきたのか。どこから来て、どこへ向かって生きているのか。私自身、一体何をしたいと思っているのか。これは大きな問いであります。使徒パウロは、こう記しました。「私は、自分のしていることが分かりません。自分が望むことを行わず、かえって憎んでいることをしているからです」

いることすら、本当はよく知らないのです。

（ローマ七・一五）。私は、このパウロの気持ちがよくわかります。私たちは自分でして

日系ブラジル人

ブラジルで暮らす日系人、特に二世の人々にとって「私は何者か」という問いは、独特の重みをもっています。日本とブラジルという全く違う二つの文化の中で「自分が一体誰か」を問い直さざるを得ないからです。

親は日本人であり、顔つきは全くの日本人。日本へは行ったこともない。言葉は基本的にポルトガル語のほうがいいけれども、家の中では日本語。だから日本語もポルトガル語もわかる。日本人と話す時は日本語で話し、ブラジル人と話す時はポルトガル語で話す。日本人と話す時は日本人のようになり、ブラジル人と話す時はブラジル人のようになる。しかし日本人がブラジル人の悪口を言っていると、ふとブラジル人の自分が出てきて、ブラジル人の弁護をする。反対にブラジル人が日本人の悪口を言っていると、やはり同じように心が痛み、日本人の弁護をする。学校へ行くと、みんなジャポネース、ジャポネースと言う。自分でもそうだと思って育つ。学校を卒業して、日本へ行くチャ

ンスができた。ある場合は研修、ある場合は労働。しかし彼らは日本で何を見いだすのでしょうか。「自分は日本人ではない」ということです。肌の色は日本人、顔つきも日本人。ですから街を歩いていても、誰も外国から来たとは思わない。しかし全く未知の国、未知の世界、自分は全く異なった世界からやって来たストレンジャーだということを見いだすのです。「私は一体何者なのか」。

エジプト人か、ヘブライ人か

モーセという人も二つの人種、二つの文化のはざまで、自分が誰であるかわからなくなること、アイデンティティ・クライシス（自分が誰かわからなくなること）を経験した人でした。

モーセはエジプトを去った後、ミディアン地方に落ち着き、ツィポラという女性と結婚をし、すでに子どもを得ています。そしてしゅうとエトロの羊を飼う仕事をしていました。モーセはエジプトを逃げ出した人間です。エジプトを懐かしく思うことはあっても、結局エジプトには彼の居場所はありませんでした。ヘブライ人の子として生まれ、エジプト人として育ちました。しかもエジプトの王の娘の子どもとして育ちました。しかし同胞が虐待されるのを見るに忍びず、エジプト人であることをやめて、ヘブライ人として生きようとしました。しかしそのヘブライ人からも拒否されてしまったのです。一体自分は何者か。エジプト人なのか、ヘブライ人なのか。その両方なのか、あるいはそのどちらでもないのか。アイデンティティ・クライシスです。そのように故郷を喪失し、自己を喪失した人間が、このミディアン地方においてようやく家族を得て、自己を回復し、新たな故郷を見いだしていったのです。モーセにしてみれば、このミディアンこそ、終《つい》の棲家《すみか》となるはずの場所であったでしょう。

柴の中から呼びかける神

ある日のこと、モーセはいつものように、羊の群れを飼う仕事をしていましたが、いつもと違う出来事に遭遇します。荒れ野の奥、ホレブ山に来た時、柴が燃えているのを見ました。砂漠に生える柴が暑さと乾燥のために自然発火して燃えることは時々あったようです。しかし不思議なことに、その柴は燃えても燃えても、燃え尽きないのです。モーセはいつものコースから逸れて、その不思議な柴を見に行きました。すると主なる神が柴の中から、「モーセ、モーセ」と呼びかけられました。

私たちの神様との出会いも、そのように全く日常的な生活の中で起こるものではないでしょうか。毎日の仕事、毎日の生活をしていながら、そこにいつもと違う何かが入り込んできて、私たちの生活はそれ以降、全く違ったものになるのです。

モーセが「はい」と返事をすると、「こちらに近づいてはならない。履物を脱ぎなさい。あなたの立っている場所は聖なる土地である」（三・五）と言われました。モーセは、何も言わず、ただ神を見ることを恐れて顔を覆いました。神は続けます。

「私は、エジプトにおける私の民の苦しみをつぶさに見、追い使う者の前で叫ぶ声を聞いて、その痛みを確かに知った。それで、私は下って行って、私の民をエジプトの手から救い出し、その地から、豊かで広い地、乳と蜜の流れる地……に導き上る。今、イスラエルの人々の叫びが私のもとに届いた。私はエジプト人が彼らを虐げているのを目の当たりにした。」（三・七～九）

ここまでは、いわば神とイスラエルの民との関係のことです。ですからモーセも、ただ黙って聞いていればよかったのです。「神が叫びを聞いてくださった。ああよかった」と思ったかもしれません。

モーセの応答

しかしその関係の間に、モーセが引き入れられるのです。「さあ行け。私はあなたをファラオのもとに遣わす。私の民、イスラエルの人々をエジプトから導き出しなさい」（三・一〇）。モーセの召命です。彼はびっくりして、こう言いました。「私は何者なので しょう。この私が本当にファラオのもとに行くのですか。私がイスラエルの人々を本当にエジプトから導き出すのですか」（三・一一）。この言葉は、モーセの気持ちをよく言い表しています。

「私は何者なのでしょう」という言葉は、一つには、「自分は一体どれくらいの者でしょう。自分はそんな人それたことをできるような人間ではありません」ということでしょう。「かつての自分であれば、もっと大胆に、このような神の召しを受け入れたかもしれない。あの頃は社会の不正を許せず、正義感に燃えていた。向こう見ずなところもあった。しかし今は違う。神様、私はもうそれほど若くはありません。あなたは私を過大評価しておられるのではないでしょうか」。モーセはそのように考えたでしょう。

それと並んで、この「私は何者なのでしょう」という問いには、先に申し上げました彼のアイデンティティ・クライシスがあるのではないでしょうか。自分はエジプト人なのか、ヘブライ人なのか、その両方なのか。どちらでもないのか。私は両方から拒否された者だ。「この私が本当にファラオのもとに行くのですか。私がイスラエルの人々を本当にエジプトから導き出すのですか」（三・一一）。「もう勘弁してください。私はここで結婚をし、家庭を築き、子どもも生まれました。エジプトには自分の居場所はありませんでした。ここでようやく終の棲家を見つけたのです。ようやく手にした、この穏やかな生活を、どうかかき乱さないでください」。

モーセという人は、最初から神様の召しを素直に受け入れたのではありませんでした。何とかしてそれから逃れようと必死になって抵抗している。それは、この後もまだまだ続いていくモーセの態度です。

ボンヘッファーの獄中詩

ディートリヒ・ボンヘッファーという神学者がいました。二〇世紀前半、ドイツの神学者であります。ナチスに対する抵抗運動を繰り広げ、ナチスに協力する教会（ドイツ国家教会）に対する鋭い批判をしながら、ナチスにくみしない教会（ドイツ告白教会）のリーダーになっていきました。しかしナチスの強い圧力のもとに、この教会運動も内部分裂して崩壊していきました。ボンヘッファーは、やがてナチス打倒のクーデターをめざす政治的地下抵抗組織に入っていきました。それはヒトラー暗殺計画をも企てるほどの過激な組織でありました。この時代のドイツの良心的な人々は、「そうでもしない限り、ドイツは変わり得ない」、そう考えたのであろうと思います。ボンヘッファーは、その組織のメンバーであることが発覚して、一九四三年四月五日に逮捕されてしまいます。二年間の獄中生活の後、一九四五年四月九日、フロッセンビュルク強制収容所で、絞首刑に処せられました。連合軍がドイツを占領するわずか数週間前のことでありました。

ボンヘッファーは、獄中でいくつかの詩を書き残していますが、その中に「私は何ものなのか」という詩があります。一九四四年の七月中旬に書かれたものです。少し長い詩ですが、読んでみたいと思います。この詩の前半にはボンヘッファーに対する人の評価が書かれています。ボンヘッファーという人は、牢獄にあっても、全く怖じることなく堂々としていたようであります。少なくとも人目にはそう見えたのでした。

「私は何ものなのか？　彼らはよく私に言う、

4 召　命

私が自分の独房から出てくるときは
平然と、朗らかに、しっかりした足どりで
まるで自分の城館から出てくる領主のようだ、と。

私は何ものなのか？　彼らはよく私に言う、
私が看守たちと話し合っていると、
こだわりもなく、親しげに、はっきりした口調で、
あたかも命令しているのが私の方であるかのようだ、と。

私は何ものなのか？　彼らはまた私に言う、
私が不幸な日々の下にありながら、
落ち着いて、微笑《ほほえ》みつつ、誇り高く
まるで勝利に慣れてきた人のようだ、と。

私は、ほんとうに他の人が言っているような者なのか？
それとも、ただ自分が知っているだけの人間にすぎないのか？

まるで籠の中の鳥のように、そわそわと、思い憧れて、病み、
あたかも首を絞められているかのように息をしようともがき、
色彩や花々や小鳥の声に飢え、
やさしい言葉や人間的な親しみを渇望し、
気まぐれやごく些細な侮辱にも怒りにふるえ、
重大事件の到来を待ちわび、
はるか彼方の友人たちのことを憂えて力尽き、
祈りにも、思索にも、創作にも疲れ果てて空しく、
やる気を失い、すべてのものに別れを告げようとする？

私は何ものなのか？　あれか、これか？
今日はこの人間で、明日は別の人間なのか？
私は同時に両方なのか？　人前では偽善者で
独りになれば軽蔑すべき哀れな弱虫なのか？
それとも、なお私の中に残っているのは、
すでに戦いとられた勝利を前に　算を乱して退却する

敗残の兵たちの群れと同じか？
私は何ものなのか？　孤独の中で迫るこの問いが私を嘲弄《ちょうろう》する。
私が何ものであれ、あなたは私をご存じだ。あなたのものだ、私は。おお神よ！」
（宮田光雄『ボンヘッファー　反ナチ抵抗者の生涯と思想』一〇九～一一二頁）

この詩によれば、ボンヘッファーは「私は何ものなのか」という問いに直接的な答えを得たわけではありませんでした。しかし不思議な形でその問いは、解決を見いだして後退し、ボンヘッファーは平安を得ていくのです。「私が何ものであれ、あなたは私をご存じだ。あなたのものだ、私は。おお神よ！」

「私はあなたと共にいる」

モーセの場合はどうだったでしょうか。モーセの「私は何者なのでしょう」という問いに対しても、神は直接答えられたわけではありませんでした。神が答えられたのは、こういう言葉です。「わたしはあなたと共にいる。これが、私があなたを遣わすしるしである」（三・一二）。この問答はかみ合っていません。しかしこのかみ合わない問答の中に、人生の真理が含まれているのではないでしょうか。それはボンヘッファーが見いだした真理でもあります。

「私は何者か」という問いに正確な答えはありません。一時、その答えを見いだしたとしても、私たちは次の瞬間に、また問い始めるでしょう。「私は何者か」。しかしこの問いに答えが得られなくても、私たちは平安を得ることができるのです。ボンヘッファー流に言うならば、たとえ私が何者であるにせよ、神は私が何者であるかを知っておられるのです。そしてその神は、私が何者であるかを知っておられるだけではなく、「私はあなたと共にいる」と言われるのです。

イエス・キリストは復活の後、自分を裏切った弟子たちの前に再び姿を現し、力強い言葉をもって弟子たちを派遣されました。

「あなたがたは行って、すべての民を弟子にしなさい。彼らに父と子と聖霊の名によって洗礼を授け、あなたがたに命じたことをすべて守るように教えなさい。私は世の終わりまで、いつもあなたがたと共にいる。」

（マタイ二八・一九～二〇）

私たちも、神の、そしてイエス・キリストの、この力強い約束に支えられて、神の召しに応えられる歩みをしていきましょう。

（二〇二〇年三月二九日）

5 顕現

出エジプト記三章一三～二二節
フィリピの信徒への手紙二章六～一一節

アブラハム、イサク、ヤコブの神

前回、「私たちの人生において最も大きな問いは『私は何者か』という問いではないか」と申し上げました。この問いに並ぶもう一つの大きな問い、あるいはもしかするとそれ以上の大きな問いは、「神とは何者か」「神はどういう方か」という問いではないでしょうか。出エジプト記三章は、神様ご自身がモーセに語りかけ、自分が何者であるかを告げられた箇所であります。

前回の箇所になりますが、燃える柴の中からモーセに現れた神様は、ご自分のほうからこう言われました。「私はあなたの先祖の神、アブラハムの神、イサクの神、ヤコブの神である」（三・六）。これはいわば、神様の自己紹介です。

聖書の神様は、歴史を貫く神です。アブラハム、イサク、ヤコブというのは、創世記に登場するイスラエルの父祖たち（族長たち）の名前です。その父祖たちの神が、今モーセに語りかけられるのです。この言葉は、一五節に再び出てきます。聖書の神は、抽象的な、漠然とした神ではなく、何よりもまず、このように具体的に、イスラエルの歴史に現れた神です。もちろんその神は、ただイスラエルの神であるだけではなく、全世界の人々の神でありますが、そのことはやがてイエス・キリストを通してよりはっきりと示されることになります。

「私はいる、という者」

神様の「私の民、イスラエルの人々をエジプトから導き出しなさい」（三・一〇）という命令を受けて、モーセは神様にこう語りました。「今、私はイスラエルの人々のところに行って、『あなたがたの先祖の神が私をあなたがたに遣わされました』と言うつもりです。すると彼らは、『その名は何か』と私に問うでしょう。私は何と彼らに言いましょう」（三・一三）。

このモーセの問いに対して、神様はこう答えられました。「私はいる、という者である」（三・一四）。何だかわかったような、わからないような謎の言葉です。古来さまざまな解釈がありますが、そのいくつかをご紹介いたします。

まずこの言葉の原語ですが、「エヒエー・アシェル・エヒエー」というヘブライ語です。「エヒエー」というのは「私はいる」、あるいは「私は何々になる」という両方の意味があります。英語で言うと、I am. または I will be. です。「アシェル」というのは、文法用語の関係詞です。英語の who あるいは what というのに近い言葉です。その関係詞をはさんで同じ言葉が並んでいる。普通は関係詞の前後は違う言葉であり、後ろの言葉が前の言葉を説明するようになります。ところが、ここではただ同じ言葉を繰り返しています。説明ではなく、強調か、あるいは一種の言葉遊びのようになっています。

まず新共同訳聖書は、これを「わたしはある。わたしはあるという者だ」と訳しています。「神は他の何者によっても左右されない、自分だけで存在し、自分の中にのみ存在基盤がある」という意味であろうと思います。存在ということを強調しているという解釈と言えるでしょう。

英語の標準的な訳のひとつNRSVでは I am WHO I am と訳していますが、これも、それに近いニュアンスです。以前の口語訳聖書は「わたしは、有って有る者」と、その前の文語訳聖書は、「我は有《あり》て在《あ》る者なり」と訳していました。これらも存在の強調、ということになるでしょう。

ちなみに新しい聖書協会共同訳は「私はいる、という者である」と訳しています。最初は「えっ」と思いました。「私はいる」だと、神様の存在が随分軽くなった感じがします。しかし考えてみると、日本語としては、人間や動物の場合には「いる」と言うのが自然です。「私には兄がいる」とか、「うちには犬がいる」と言います。「私には兄がある」「うちには犬がある」とは言いません。動物ではない場合には「犬の置物がある」と言います。また「私はいる」という訳で、神様の存在が軽く感じる分、逆に言うと、神は身近にいてくださる、また共にいてくださる、というニュアンスが増したのではないでしょうか。これは、新約聖書のイエス・キリストの呼称である「インマヌエル」（神は我らと共におられる）にも近いニュアンスがあります。そう考えると、これもなかなかよい訳だと思うようになりました。

神の決意の表明

二つ目の解釈ですが、たとえば岩波書店版の聖書では、「わたしはなる、わたしがなる者に」と訳されています。「私は有るところの者になるだろう」という訳もありました。英語でも I will be What I will be という、これに近い訳もあります。それはただ単に神は存在するということではなく、彼らのために誠実に神であろうとするという神の意志を指しているという解釈なのです。フレットハイムという注解者は、さらにこう説明します。「神はいつでもどこでも、民と共にあり、また民に味方する神になろうとする。この表現は神の自己自身への忠実さを示す。すなわち、どこにおいても神が神であり続ける限り、神は現にある神の本質であろうとするのである」。また鈴木佳秀氏の注解書では、「わたしはあろうとして、わたしはあろうとするのだ」と訳しています。神はモーセに対して、「私はあなたと共にいる」と約束されましたが（三・一二）、ここではそれを継承して、救いのために働きかける神の意志と揺るぎない決意を伝えているのであって、名前を明らかにすることに力点があるのではないと、鈴木氏は言うのです。私は、こうした解釈に心惹かれます。

「モーセと共にいる」という約束・決意は、同時に「モーセが遣わされる先のイスラエルの人々と共にいる」という約束・決意であると言ってもよいでしょう。だからこそ、神様はこう続けるのです。

「このようにあなたはイスラエルの人々に言いなさい。『あなたがたの先祖の神、アブラハムの神、イサクの神、ヤコブの神である主が私をあなたがたに遣わされました。』
これこそ、とこしえに私の名
これこそ、代々に私の呼び名。」
（三・一五）

ここで神様は、自分がどういう神であるかを示される。「私はあなたと共にいる」と約束したけれども、それを決して裏切らない。どこまでもあなたたちと共にいる神だ。私の名前を聞かれたら、「そういうふうに告げよ」と言われたのです。

ちなみにイスラエルの神の固有名はヤハウェというのですが、通常「主」と訳されます。語源については謎がありますが、これは先ほどの「エヒエー・アシェル・エヒエー」（三・一四）の「エヒエー」（私はいる）とヘブライ語の語呂合わせで用いられていることが知られています。

虐げられた者を解放する神

モーセが遣わされる先のイスラエルの人々とは、どういう人々であったのでしょうか。

それは、二章二三節に示されるように、「エジプトで奴隷にされ、苦しい目に遭わされている民」です。「わたしは、有るところの者になるだろう」ということは、具体的には、この苦しむ民と共にある、ということになると思います。その人たちの叫びを聞き、その人たちを見捨てはしない、という神様の決意です。

神様はこう言われます。「あなたがたの先祖の神、アブラハム、イサク、ヤコブの神である主が私に現れ、こう言われました。私はあなたがたを顧み、エジプトであなたがたになされたことを確かに見た。あなたがたをエジプトの苦しみから、……乳と蜜の流れる地に導き上る」（三・一六～一七）。

そしてこの言葉は、ただ単にイスラエル民族と共におられるということだけではないでしょう。歴史的なことを踏まえつつ、それを超えた言葉であると、私は思います。誰かが誰かの犠牲になっている時、誰かに苦しめられている時、あるいはある民族が別の民族に苦しめられている時、神様は苦しめられている人の側に立って、そういう抑圧をなくし、不正をなくし、公正な社会に向けて働かれるということを指し示しています。私はそういう者だと、自分をあらわしておられるのです。

神様は、決して中立的に、第三者的に、存在するというのではない。立場をとって、つまり苦しめられている人の側に身をおいて、そういう人たちの解放のために働かれるのを、この神様の名前は高らかに宣言しているのです。

労苦の報い

第三章の終わりには、少し戸惑うようなことが書かれています。「あなたがたは出て行くとき、何も持たずに出て行ってはならない。女は、その隣人や家の同居人に対して、銀の飾りや銀の飾り、外套を求めなさい。それらをあなたの息子、娘に身に着けさせ、エジプトから奪い取りなさい」（三・二一〜二二）。

略奪、強奪を正当化しているようにも聞こえます。しかし私は、むしろこれまで無償で働かされてきた奴隷たちに、「当然の労苦の報いを得てよいのだ」と保証されたのだと思います。働きに対して何も報いが与えられないというのは間違っている。あなたたちはその当然のものを得て、ここから出て行くのだと言われたのでしょう。

旧約聖書の続編（外典）の中に「知恵の書」という書物があります。この「知恵の書」の著者は、イスラエル人がエジプト人の物を奪い取ったことを、奴隷として長年無償で働いた「労苦の報い」だと、はっきり書いています。（「知恵」というのは、人格化された、いわば神様のような存在であるとお考えください。）

「知恵は聖なる人々に労苦の報いを与え
驚くべき道を進むように導き
昼には彼らの覆いとなり
夜には星々の炎となった。
知恵は彼らに紅海を渡らせ
大量の水の間を通らせた。」

（知恵の書一〇・一七～一八）

奴隷として働いてきたその労苦は、報われるというのです。

新約聖書における神の名

さて新約聖書では、この「神の名」はどのように引き継がれているでしょうか。マリアがイエスを身ごもった時、天使がヨセフの夢に現れて、こう言いました。

「『マリアは男の子を産む。その子をイエスと名付けなさい。この子は自分の民を罪から救うからである。』このすべてのことが起こったのは、主が預言者を通して言われたことが実現するためであった。

『見よ、おとめが身ごもって男の子を産む。

その名はインマヌエルと呼ばれる。』

これは、『神は私たちと共におられる』という意味である。」（マタイ一・二一〜二三）

イエスという名前（ギリシア語）は、ヘブライ語では「イェシュア」あるいは「イェホシュア」です。これは旧約聖書の「ヨシュア」「ホセア」という名前と語源的に同じで、「ヤハウェは救い」という意味になります。

またその子は、「インマヌエル」（神は我々と共におられる）と呼ばれるというのです。それは、出エジプト記三章であらわされた神の名に通じるものでしょう。特に聖書協会共同訳の「私はいる、という者だ」というのは、これと重なってきます。

神は、私たちと共にあるために、そのことをはっきりと示すために、人間イエスとなって歩まれたと言えるでしょう。それが新約聖書のメッセージです。

しかも人間の中でも最も苦しめられる形をとり、最も忌み嫌われる十字架という形で殺されることになりました。しかしそのように低く低くなることによって、神は反対にそのお方を高く高く引き上げられました。そしてそのお方に「あらゆる名にまさる名」をお与えになったのです（フィリピ二・六～一一参照）。

白人警官による黒人暴行殺人事件

五月二五日、米国ミネアポリスにて、白人警官による黒人の暴行致死（殺人）事件が起きました。そしてその後、これに対する抗議活動がアメリカ全土に広がっていきました。その背景には、長年にわたるアメリカにおける黒人差別があります。ブラック・ライブズ・マター（黒人の命は大切）という言葉がスローガンとして掲げられ、そう名付けられた通りもできました。

私は、最近、黒人神学の創始者と言われるジェイムズ・コーンの遺著『誰にも言わないと言ったけれど』という本の書評を書きましたが（『礼拝と音楽』一八六号、二〇二〇年夏）、そのために、この本を精読しました。まさに、今という時期に最も読まれなければならない本だと思いました。著者のコーンは、私のニューヨークのユニオン神学校時代の恩師でもあります。彼は、授業中でも「今日の北アメリカにおいて、イエスが最も抑圧された民と共にあるというならば、イエスは黒人だ（ジーザス・イズ・ブラック）」

と言い切っていました。

コーンは、主著とも言える『十字架とリンチの木』において、黒人たちがリンチを受け、ポプラの木に吊り下げられた姿とキリストの十字架を重ね合わせました。ポプラの木に吊り下げられた黒人の姿の中に、キリストの十字架を見たのです。

コーンは、黒人以外のさまざまな抑圧された人々と出会うことによって、その神学の幅を広げていきました。『誰にも言わないと言ったけれど』では、自分の神学は、黒人にとどまらず、国境目前で足止めされた移民、ビザを持たない労働者たち、LGBTQの人々、虐待されている者、周縁に置かれた者、忘れ去られた者など、人間であることを守ろうとしているすべての人々のためにあるのだと述べています。

これらのことは、出エジプト記にあらわされた神様の姿、「苦しみ、抑圧されている民を決して見捨てず、その民と共に歩み、その民を解放する」という姿に通じます。私たちも、それを知ることによって、神がどういう方であるか、神とは誰かが、より鮮やかに見えてくる。そして私たちは、自分がどこにいるかを見極め、何をなすべきかが示されてくるのではないでしょうか。

（二〇二〇年六月一四日）

6 弁解

出エジプト記四章一～一七節
ルカによる福音書九章五七～六二節

第一、第二の抗弁

出エジプト記三章は、モーセの召命物語でありました。燃える柴の中から、神はモーセに語りかけ、次のように言われました。「さあ行け。私はあなたをファラオのもとに遣わす。私の民、イスラエルの人々をエジプトから導き出しなさい」（三・一〇）。この召しに対して、モーセは「私は何者なのでしょう。この私が本当にファラオのもとに行くのですか。私がイスラエルの人々を本当にエジプトから導き出すのですか」（三・一一）と、抗弁をしました。これは第一の抗弁と言うべきもので、神様とモーセの対話はその後、四章一七節まで延々と続くのです。神は、モーセの第一の抗弁に対して、「私はあなたと共にいる。これが、私があなたを遣わすしるしである。あなたが民をエジプトから導き出したとき、あなたがたはこの山で神に仕えることになる」(三・一二)と答えられました。

しかしモーセはまだ納得せず、神に尋ねます。「『あなたがたの先祖の神が私をあなたがたに遣わされました』と言うつもりです。すると彼らは、『その名は何か』と私に問うでしょう。私は何と彼らに言いましょう」(三・一三)。これは第二の抗弁と言ってもよいでしょう。それに対して、神様は「私はいる、という者である」とお答えになりました。

第三の抗弁

第四章は、モーセがそれでもなお、抗弁するところから始まっています。いわば第三の抗弁です。

「しかし、彼らは私を信じず、私の言うことを聞かず、きっと、『主はあなたに現れなかった』と言うでしょう。」(四・一)

このモーセの抗弁に対して、神様はもはや言葉で答えるよりも、もっとはっきりとしたしるしをお示しになります。神はモーセに、「あなたの手にあるそれは何か」と問い、モーセが「杖です」と答えると、「それを地に投げなさい」と言われました。モーセが杖を地に投げると、蛇に変わりました。そして今度は「蛇の尾をつかみなさい」と言われて、手を伸ばしてつかむと、蛇は杖に戻りました。

さらに神は、今度は「手を懐に入れてみなさい」と言われました。モーセが手を懐に入れて、出してみると、手は真っ白になって、「規定の病」にかかっていました。そして言われるまま、もう一度懐に手を入れて出してみると、元どおりの手になっていたというのです。さらにこう言われました。「この二つのしるしでも彼らが信じず、あなたの言うことを聞かなかったら、ナイルの水を汲んで来て乾いた所に注ぎなさい。するとナイルから汲んで来た水は、乾いた所で血に変わる」（四・九）。これらがモーセの第三の抗弁に対する神様の答えでありました。

第四の抗弁、モーセの本音

しかしそれでもなお、モーセは抗弁を続けるのです。「ああ、主よ。以前から、また、あなたが僕に語られてからでさえ、私は雄弁ではありません。私は本当に口の重い者、舌の重い者です」(四・一〇)。

第二、第三の抗弁は、「イスラエルの民のほうが自分を信用しないだろう」という内容でしたが、この第四の抗弁では、モーセは自分自身の資質を問題にしています。これは第一の抗弁に通じるものでしょう。これを聞いて、神はやや怒り気味にこう言うのです。

「誰が人に口を与えたのか。また、誰が口を利けなくし、耳を聞こえなくし、目を見えるようにし、見えないようにするのか。主なる私ではないか。だから行きなさい。私があなたの口と共にあり、あなたに語るべきことを教えよう。」

(四・一一～一二)

力強い言葉です。あれだけのしるしを見せられ、その力をもった方からこれだけの力強い言葉をいただいたのです。普通であれば、もうこの辺で「わかりました。あなたの熱意に負けました」と、観念するものでしょう。

しかしそれでもなお、モーセは抵抗するのです。モーセは考え得る抗弁を、もうすべて言い尽くしている。もはや言葉をもっていません。それでこう言ったのです。

「ああ、主よ。どうか他の人をお遣わしください。」（四・一三）

これは、いわば第五の抗弁ですが、抗弁にすらなっていません。モーセの本音の吐露です。本当は行きたくないので、行かなくてもいい理由を一生懸命見つけて、断ろうとしていたということが、この言葉からわかるのです。神様も、とうとうここで堪忍袋の緒を切らします。

「レビ人である、あなたの兄アロンがいるではないか。私は彼が雄弁であることを知っている」（四・一四）。そのようにして、神様はモーセと共に、モーセより三歳年長の兄アロンを共に遣わすのです。

「あなたは彼に語って、言葉を彼の口に授けなさい。私はあなたの口と共に、また、彼の口と共にあって、あなたがなすべきことを教える。そうすれば、彼はあなたに代わって民に語る。彼はあなたの口となり、あなたは彼にとって神となる。あなたはこの杖を手にして、しるしを行いなさい。」（四・一五～一七）

これがモーセに語られた最後の言葉です。モーセはもうそれ以上何も語っていませんが、この続きを読むと、エジプトへ向かう決心をしたことがわかるのです。

主イエスに従う

この神様とモーセのやりとりについて、まずモーセの側、つまり人間の側から、続いて神様の側から、少し考えてみたいと思います。

まず人間の側から言えば、私たちは神様からの召しを断ろうと思えば、いつだっていろいろと理由を挙げることはできるということです。主イエスが弟子を召される物語を思い起こします（ルカ九・五七〜六二）。最初に自分のほうから主イエスに従いたいと申し出た人との対話がありますが、その後の二人は、主イエスのほうから「私に従いなさい」と呼びかけられたのを断ったというエピソードです。

そのうちの一人目は、主イエスの呼びかけに対して「まず、父を葬りに行かせてください」（ルカ九・五九）と言いました。これは、もっともなことのように思えます。子どもが親を葬るというのは、誰しもが大切にすることでしょう。日本でも身内の葬儀ともなれば、すべてを中断してそれを優先するものです。二人目は、こう言いました。「主よ、あなたに従います。しかし、まず私の家の者たちに別れを告げることを許してください」（ルカ九・六一）。

これも気持ちはよくわかります。

しかしこの二つのケースは、実は私たちの想像以上に時間のかかることでした。一日や二日で終わることではないのです。当時、父を葬るという営みは何か月もかけてすることであったようです。家族へのいとまごいも、どこでもってよしとするのか、なかなか線が引けません。「もう少し先にしよう、いや来年にしよう」ということになってしまいがちです。「ちょっと家に帰って挨拶をして、すぐ帰ってきます」というようなわけにはいかないのです。

「まず」

この二人の返事に共通するのは、「まず」という言葉です。彼らは、主イエスに従うことよりも、「まず」他のこと、特にこの世の生活において大事とされていることを優先させたのです。

私は、主イエスが語られた別の「まず」を思い起こしました。それは「まず神の国と神の義を求めなさい」（マタイ六・三三）という言葉です。主イエスは、この言葉に続けて、「そうすれば、これらの（必要な）ものはみな添えて与えられる」（補足著者）と言われました。私たちには、この世の生活を営んでいく限り、大切にしなければならないことがあります。不安もあります。しかしさまざまな「しなければならないこと」に取り囲まれた生活の中で、究極のところ一体何を優先するのかということが問われるのです。

主イエスは、それらをすべてご存じの上で、「まず神の国と神の義を求めなさい」と言われたのではないでしょうか。さまざまな問題がすべて解決してから主に従おうとするならば、私たちはいつまで経っても従うことができないでしょう。結局それで一生を終えてしまうことになりかねません。要は、そこで何を優先するか、「まず」何をすべきかということです。主の召しを受けた時、今、主が自分を召されたと実感した時、そこで主に従う決心をする中で、他の事柄もそれなりに道がつけられていくのではないでしょうか。

語る言葉は神が与えてくださる

モーセの第三の抗弁に対して神様が答えられたことは、語る本当の主体は神様であって、モーセはそれを民に伝える器だということでした（四・一二）。だから安心して、与えられた言葉、教えられた言葉を語ればよいということです。極力、モーセの心配を取り除いてやろうという神様の配慮がうかがえます。

このことも、主イエスが弟子たちを派遣する時に語られた言葉を彷彿《ほうふつ》とさせます。イエス・キリストもこう言われました。

「引き渡されたときは、何をどう言おうかと心配してはならない。言うべきことは、その時に示される。というのは、語るのはあなたがたではなく、あなたがたの中で語ってくださる父の霊だからである。」

（マタイ一〇・一九～二〇）

限界のある人間をそのまま用いる神

さて、この神とモーセのやりとりを神様の側から見てみると、どうでしょうか。神様は何と忍耐深い方なのかと思います。モーセの抗弁、弁解は、ほとんど一貫性がなく、脈絡がありません。論理的でもありません。次々に思いついたことを、神様に訴えている感じがします。しかしそのようなモーセに対して、神様のほうはひとつひとつ丁寧に、本気で真剣に答えておられます。

興味深く思うのは、神様は「口が重く、舌の重い」モーセを、そのまま用いられるということです。決して「雄弁な人間にしてあげよう」とおっしゃってはいない。モーセの「口の重さ」（訥弁《とつべん》）を直すのではなく、つまりその障がいとも言えることを取り除くのではないのです。限界のある人間としてそのまま用いられる。

神様はご自分の計画を進めるために、完璧な人間、能力の高い人間、欠けの少ない人間を用いられるわけではない。欠けは欠けのままで、障がいは障がいのままで、むしろそれを大事な個性として用いられるのです。そのことは、私たちにとって大きな励ましではないでしょうか。

具体的に二つのことが示されます。一つはご自身の全能を示されたことです。人間の口、人間の耳、人間の目をつかさどるのは、神であるということ。そしてその神ご自身が共におられるということです。神の全能の力は、人間の限界を超えて働くことができる。「人にはできないが、神には何でもできる」（マタイ一九・二六）と、イエス・キリストも語られたとおりです。

もう一つは、その弱点を補ってくれる人が助け手として備えられるということです。モーセの場合で言えば、雄弁な兄のアロンでありました。しかも今、向こうからモーセに会いに来ようとしている。神様はそういう人間を備えられるのです。誤解してはならないのは、モーセがあまりにもかたくななので、神様は怒ってモーセを退けて、代わりに兄のアロンを立てられたのではないということです。指導者として立てられたのはあくまでモーセです。モーセが十分にその使命を果たすことができるように、モーセが安心して、あるいは否が応でも納得して、それを引き受ける決心ができるように、環境を整えられるのです。

別の言葉で言えば、神様は人間のかたくなさによって、挫折なさることはない。計画を取りやめられることはない。部分的に人間に譲歩しながら、その計画を大きなところでは、当初の予定どおり進められるのです。

この後の物語の展開を少し見てみると、最初はアロンが語っているのですが、その後のファラオとのやり取りや、イスラエルの民とのやり取りを見ると、モーセ自身が語っています。ですから「アロンがいるではないか」と言われたことは、必ずしもこれから先はずっとアロンが語るということを意味してはいない。この時、モーセが引き受ける決心ができるように、「アロンがいるではないか」と言って、モーセを押し出されたということなのでしょう。

ここでモーセに示されたこと、そのひとつひとつの答えが、今日を生きる私たちにとって、非常に意味深いものです。神様はモーセを召そうとされた時と同じように、今私たちを召そうとしておられるのではないでしょうか。「召される」ということは、単に伝道者になるということだけではありません。クリスチャンとして生きるというのは、キリストの弟子として生きる決心をするということであり、多かれ少なかれ、同じような困難を伴ってくるものでありましょう。しかし神が解決してくださいます。私たち一人一人が、そのような神の召しを、自分に語られた言葉として逃げずに受け止めていきたいと思います。

（二〇二〇年九月二七日）

出エジプト記4:18－31

7　仲間

出エジプト記四章一八～三一節
使徒言行録一五章二二～二九節

神学校日にあたって

本日は、神学校日です。神学校や神学生たちを心に留めながら礼拝をいたしましょう。神学校に行くことには、神学の学び以上の意味があります。その最大の一つは志を同じくする仲間との出会いです。それはとても貴重なことです。宝物となります。私の場合、その交わりは今も続いています。お互いに励まし合い、支え合って、時に教会の中ではなかなか言えないことも相談し合う場合があります。神様に仕えることにおいても、そのような仲間がいるのは幸いなことです。今日のテキストは、改めてそういうことに気付かせてくれる物語です。

命を狙う人々は皆死んだ

モーセは「エジプトに帰ってイスラエルの民を奴隷の地から導き出せ」という神の声を聴き、随分抵抗するのですが、ようやくエジプトに行く決心をしました。彼はしゅうとであるエトロのもとに帰って、「どうかエジプトにいる親族のもとに帰らせてください。彼らがまだ生きているかどうか見て来たいのです」(四・一八)と言いました。この時、エトロが本当のことを知っていたのかどうかわかりませんが、「安心して行きなさい」と言って、彼を送り出しました。これは「シャローム」という祝福の言葉です。新共同訳聖書は、これを「無事で」と訳していました。そこで主は、再びモーセに現れて、こう言います。「エジプトに帰りなさい。あなたの命を狙っていた人々は皆死んだ」(四・一九)。

これとそっくりの言葉が、新約聖書にも出てきます。「ヘロデが死ぬと、主の天使が、エジプトにいるヨセフに夢で現れて、言った。『起きて、幼子とその母を連れ、イスラエルの地へ行きなさい。幼子の命を狙っていた人たちは、死んでしまった』」(マタイ二・一九〜二〇)。

ただしモーセの時とは逆に、この時はエジプトが避難の地でありました。幼子イエスの命を狙っていたヘロデのもとを逃れ、ヨセフは妻マリアとその子イエス・キリストを連れてエジプトの地へ避難していました。そして天使のお告げを受けてイスラエルの地へ帰って行ったのでした。

さて主はモーセに言われました。「あなたがエジプトに戻ったならば、その時、私はあなたによって奇跡を行う。ファラオの前で、あなたはそれらを行いなさい。しかし、私が彼の心をかたくなにするので、彼は民を去らせない」（四・二一）。この時語られた言葉（四・二一～二三）の内容については、それが実際に行われた時に触れることになりますので、今は先へ進みましょう。

不可解な出来事

その後に記されているのは、謎に満ちた出来事です。

「さて、その途中、宿泊地でのことであった。主はモーセと出会い、彼を殺そうとした。」（四・二四）

まずここからして不可解です。主は今、モーセに「エジプトに帰りなさい」と言われたばかりであるのに、いきなりモーセを「殺そうとされた」というのです。モーセが旅の途中で死にそうになり、そのことを「主が殺そうとされた」というふうに理解したのかもしれません。これは一応、謎のままにしておき、続きを読んでみましょう。

「ツィポラは火打ち石を取って、その息子の包皮を切り、それをモーセの両足に付けて言った。『私にとってあなたは血の花婿です。』するとモーセを放された。彼女はその時、割礼のゆえに『血の花婿だ』と言ったのである。」（四・二五〜二六）

このいわゆる「血の花婿」の出来事は、解釈が困難です。この時モーセの妻ツィポラは、神がモーセを殺そうとしているのをなぜか察知して、すぐに息子に割礼を施し、その際に切り取った男性器の包皮をモーセの両足に付けたというのです。「両足」というのは、男性器を示す婉曲表現だと言われます。そして彼女が「わたしにとって、あなたは血の花婿です」と叫ぶと、どういうわけか「主は彼を放された」、つまり災難が去ったというのです。

なぜ神がモーセを殺そうとされたのか。また息子に割礼を施すというツィポラのとった措置が、なぜ、またどのようにして災難を防いだのか。そして包皮をモーセの「両足」に付けることの意味は何なのか。これは古来聖書学者を悩ませてきました。いくつかの解釈を紹介しておきましょう。

一つ目は、モーセがこの時、まだ「血の花婿」ではなかった。つまり結婚前に割礼を受けていなかった。それで神様が怒り、モーセを襲ったという解釈。モーセは生まれてすぐに、殺されないように隠されて三か月過ごし、その後はエジプト人として育てられましたので、割礼を受けていなかったという理解です。モーセが割礼を受けていたかどうかは、聖書には記されていません。ツィポラがモーセの代わりに息子に割礼を施し、それによってモーセを象徴的に「血の花婿」としたということです。

二つ目は、この時息子は確かにまだ割礼を受けていませんでしたので、その怠慢と不信仰をとがめて、神様はモーセを殺そうとされたというもの。そこでとっさにツィポラは息子に割礼を授けました。これが比較的支持のある解釈です。

さらに三つ目は、息子が割礼を受けていなかったので、主はモーセではなく、息子の命を奪おうとされたという解釈。聖書協会共同訳では「主はモーセと出会い、彼を殺そうとした」となっていますが（新共同訳もほぼ同じ）、ヘブライ語の聖書には「主は彼と出会い、彼を殺そうとされた」としか書かれていませんので、「息子を殺そうとされた」というふうにも読めるわけです。ただややこしくなるので、一応聖書協会共同訳の解釈のように「モーセを殺そうとした」としておきましょう。

ただどの解釈をとってしても、根本的なところはすっきりとしません。

フェミニスト神学の視点

一つ確かなことは、この時のツィポラの行為、つまりツィポラが息子に割礼を施し、その包皮をモーセの「両足」に付け、叫んだという一連の行為の結果、「主はモーセを放された」ということです。それで、モーセの命を奪おうとする主の攻撃が終わった。言い換えると、ツィポラの行為がモーセの命を救ったということです。

依然謎も多いままですが、この記事は割礼がそれほど重要な意味をもっていたことを示していると思います。割礼をないがしろにしたままモーセが派遣されることはありえなかったのでしょう。

またこの出来事はフェミニスト神学にとって大事な意味をもっています。それは女性であるツィポラが割礼を施しているということ、そして祭司の役割を担って（血の犠牲をささげて）モーセを神に執り成していることです。割礼を施すのは男性の役割でしたから、これは非常に珍しい記事です。いわば女性祭司、女性教職の草分けとして読むことができるのではないでしょうか。時代が下るに連れて、父権制社会が強固なものとなり、神と人との間に立つのは男の役割となっていきます。しかしその前の時代はもっと自由な形であったのだろうと思わされる出来事です。

もっともこの時のツィポラの行動を促したのは神ご自身であったともいえるでしょう。神はそれ（ツィポラの行動）を承知しながら、モーセをふさわしい者として立てていく。それは、この後起きようとしているさまざまな試練を予表するような出来事でありました。

アロンと合流

この事件の後、神はモーセの兄であるアロンに会い、彼に語りかけます。「荒れ野に行って、モーセに会いなさい」（四・二七）。この言葉を受けたアロンは、神の山ホレブでモーセに会い、キスをします。モーセは神が命じられたことをアロンに告げます。そしてアロンがモーセを通して聞いたことを、イスラエルの人々に告げるのです。モーセは、「自分は口が重く、舌が重い。口べたです」と言ったので、神が雄弁な兄アロンを、モーセと一緒に遣わせてくださったのでした。イスラエルの人々は「主がイスラエルの人々を顧み、その苦しみを御覧になった」（四・三一）と聞いて、ひれ伏して神を礼拝しました。

旅の仲間たち

さてこの物語は、全体としてあまり統一感のないように見えますが、このテキストを通じて思わされることは、モーセは決して一人で遣わされたのではないということです。彼には旅の仲間がおり、その旅の仲間がモーセを助け、モーセを救い、モーセを支えたのです。

もしもツィポラがいなければ、モーセはどうなっていたでしょうか。彼女のとっさの判断で、モーセは危機を逃れました。アロンがいなければ、イスラエルの民はそれほど早く、神様の言葉を理解し、受け入れたかどうかわかりません。アロンはモーセと違い、これまでも民の近くにいましたので、民の信頼を得ていたでしょうし、モーセよりもずっと雄弁でした。モーセの召命というものは、根本的なところではモーセと神の間の事柄でしたが、実際には神様は、モーセのまわりに必要な人材を配置し、その人たちにモーセは支えられていったのです。

イエス・キリストが弟子たちを派遣された時も、決して一人では行かせませんでした。「イエスは、十二人を呼び寄せ、二人ずつ遣わすことにされた」（マルコ六・七）と記されています。二人ずつ組にされたのです。

使徒言行録では、もっとはっきり記されています。使徒言行録一三章は、パウロ（サウロ）のいわゆる第一次伝道旅行について述べていますが、この時パウロはバルナバと一緒に派遣されて、共に活動しました。やはり二人セットでありました。今読んでいただいた使徒言行録一五章は、エルサレム使徒会議について記していますが、そこでパウロとバルナバはアンティオキアに遣わされることが決定されるのです。この二人と共に、教会全体からバルサバと呼ばれるユダとシラスの二人が旅の同伴者として選ばれ、派遣されることとなります（使徒一五・二二）。

その後、パウロとバルナバは意見が分かれて別々に行動することになります。しかしその時もパウロはやはり一人ではなく、シラスという同伴者を連れていきます。いつも一人ではなく、二人かそれ以上です。

牧師にとって

旅に道連れがいるということはやはり大事な意味をもっています。人間はみんな不完全であるからです。それぞれに欠けがあります。それを補い合って生き、補い合って主に仕えるのです。

牧師もそうです。私にもちょうどこの時のモーセと同じように、妻と息子がいます。この三人でこれまでいくつかの教会に仕えてきました。家族というのは、教会員とは違った目で牧師の仕事を見ております。

妻からは説教の批判をされることもあります。「今日の説教は、難しくてよくわからなかった」とか、「今日の説教はちょっと長すぎた。あそこで止めておけばよかったのに」とか言われます。言い訳をしますと、「プロでしょ」と言われます。夫婦で牧師の場合は、連れ合いが説教をした時に言い返せるかもしれませんが、うちはそうではありません。しかし教会員がなかなか言ってくれないこと、あるいは言えないことを、連れ合いや子どもが言ってくれるのは、ありがたいことです。もちろん批判されるだけではなくて、モーセがツィポラに助けられたように、私も旅の道連れ、連れ合いによって助けられ、支えられています。

家族がいてもいなくても、牧師には仲間、道連れがあります。地区の牧師たちや、最初に申し上げたように、神学校で出会った仲間たちに支えられ、励まされます。時に批判し合い、間違いをただし、お互いに高め合っていく。それは大事なことであろうと思います。

信仰者にとって

このことは牧師、伝道者に限らず、教会の信徒の方々にも、すべて当てはまることではないでしょうか。私たちには信仰の旅路の仲間、道連れがいるのです。一人で、家で静かに聖書を読んで、あるいはキリスト教放送を聞いていれば、それで十分であると思われるかもしれませんが、それではなかなか信仰生活を全うすることはできません。また聖書の解釈にしても、交わりの中にいることによって、独りよがりをなくしていくのです。

教会に行きたくても行けない場合もあるでしょう。家族に許されないとか、日曜日に仕事を休めないとか、近くに教会がないとかあるでしょう。そしてまさに今、コロナ禍の状況の中で、教会に行きたくても行けない場合があります。逆にそういう時にこそ教会の祈りの輪の中に入れられることには大きな意義があります。私たちは弱い者ですから、そのようにお互いに支え合う。また間違いを犯す者ですから、建設的な批判をし合いながら、独りよがりをなくして、信仰生活を全うするのです。

私たちには、教会の中で、あるいは教会を超えたところで、信仰生活の道連れがあるのです。そして大きな視点で見れば、そのように信仰生活の友、道連れを遣わしてくださった神様がおられる。その神様ご自身が、信仰生活の真の道連れであるということを心に留めたいと思います。

（二〇二〇年一〇月一一日）

8　試練

出エジプト記五章一節～六章一節
マタイによる福音書二四章九～一四節

ファラオとの対面

出エジプト記五章は、いよいよモーセがファラオと対面する場面です。モーセはアロンと共に、ファラオのもとに行き、主なる神ヤハウェの言葉を告げます。「イスラエルの神、主はこう言われる。『私の民を去らせ、私のために荒れ野で祭りを行わせなさい』」（五・一）。それに対して、ファラオは「主（ヤハウェ）とは何者か。私がその声に聞き従い、イスラエルを去らせなければならないとは。私は主を知らないし、イスラエルを去らせはしない」（五・二）と答えます。「主」というのは、もともとは「ヤハウェ」という神様の名前が書かれているのですが、「畏れ多い神様のことを名前で呼ばない」ことから、「ヤハウェ」と書いてあるところは「主」という一般名詞に置き換えてあるのです。ファラオの言葉に対し、モーセとアロンはさらに交渉を続けます。「ヘブライ人の神が私たちに現れました。どうか、私たちに三日の道のりをかけて荒れ野を行かせ、私たちの神、主にいけにえを献げさせてください。そうしなければ、主は疫病や剣で私たちを襲うでしょう」（五・三）。

モーセとアロンは、イスラエルの奴隷たちを完全に解放するように、要求してはいません。最初からそんなことを言っても聞かれないのは、わかっていたからかもしれません。主にいけにえを献げるために、言い換えれば「主を礼拝するために、三日間の道のりの荒れ野に行かせてください」という、控えめな要求をいたしました。

ファラオは「今や、この地の民は増えているのに、お前たちは彼らの労働を休ませようとするのか」（五・五）と言うのですが、これは、「人数が増えている彼らに時間があるならば、よからぬことを企むかもしれない」という意味でしょう。ファラオはモーセの要求を退け、一層厳しい命令を出します。

巧みな支配構造

この時の奴隷たちの仕事はれんが作りでしたが、れんが作りには、わらが必要でした。

れんがを作るのに粘土を乾燥させた時、ばらばらに崩れないためのつなぎとして、わらを用いたのです。それまでは、わらはどこかから支給されていたのでしょう。しかしファラオは、「民を追い使う者」と「下役の者」に、「そのわらも自分たちで集めさせよ。しかも作るれんがの数はこれまでどおりだ。ひとつも減らしてはならない」と命令しました。

この時の支配構造は驚くほど巧みです。「民を追い使う者」というのはエジプト人であり、いわばファラオの代理人です。そして「下役」はヘブライ人であり、奴隷たちのまとめ役です（五・一四節参照）。ファラオのもとに「民を追い使う者」がおり、その下に「下役」がおり、その下に「奴隷たち」がいる。「民を追い使う者たち」は、直接的には、この「下役」たちを厳しく管理したのです。こういうことは、歴史上しばしばありました。

ある民族が別の民族を支配した時、例えば植民地政策では、大抵こういうスタイルを取りました。支配する民族の代表を決めておいて、少し優遇するのです。

ルワンダ大虐殺

一九九四年に、ルワンダ大虐殺という大事件が起こりました。その年の四月から約一〇〇日の間に、フツ系の政府とそれに同調するフツ系の過激派によって、多数のツチ系の人々とフツ系の穏健派が殺害された事件です。正確な犠牲者数は明らかとなっていませんが、五〇万人から一〇〇万人の間、すなわちルワンダ全国民の一〇%から二〇%の間と推測されています。あの事件も、もとをただせば、歴史的にベルギーのツチ族を利用した間接支配があったからと言われます。そこにフツ族のツチ族に対する反感、憎しみがあったのでした。

さてファラオの無理な要求に奴隷たちが応えられないと、「民を追い使う者」は、下役たちを鞭で打ちます（五・一四）。彼らは必死になって、ノルマ達成のために同胞のイスラエル人たちを働かせたのでしょう。彼らも板挟みにされているのです。上から管理され、下からも突き上げられます。とうとう耐えられなくなって、ファラオのもとに直訴しに行きました。「なぜ、あなたは僕どもにこのようになさるのですか。僕どもにわらは与えられないのに、それでもれんがを作れと言われ、打たれています。あなたの民は罪を犯しています」（五・一五～一六）。

彼らは、勇気をふり絞って、ファラオのもとへ行きました。論理的に言えば、彼らのほうが正しいのです。しかしこの訴えはファラオに一蹴されます。「この怠け者が。お前たちは怠け者なのだ。だから、主にいけにえを献げに行きたいなどと言うのだ。さあ、すぐに行って、働け。わらは与えない。しかし、定められた量のれんがは必ず納めよ」（五・一七～一八）。

味方からも憎まれる

下役たちの一縷《いちる》の望みは絶たれました。しかしこのまま民のもとに帰ることもできない。何を言われるかわかりません。彼らの信用を失い、彼らをまとめられなくなると、下役を交代させられてしまうかもしれません。どうしようもない思いで、外へ出たところでモーセとアロンに出会いました。彼らはその不満をこの二人にぶつけるのです。「主があなたがたを御覧になって裁かれますように。あなたがたはファラオやその家臣に私たちの立場を悪くするよう仕向け、私たちを殺す剣を彼らの手に渡してしまったのです」（五・二一）。

もしかすると、ファラオのねらいは、最初からこのところにあったのかもしれません。お上にたてつく者に厳しくし、それによってもたらされた困難の原因を、謀反を起こそうと企てた人間（モーセ）に帰し、批判の目をそちらに向けさせるのです。そのようにして謀反は、内部分裂して崩壊し、首謀者は排除されていくのです。

モーセはエジプトのファラオから憎まれるだけではなく、同胞のイスラエル人からも憎まれるようになります。敵は民の外にあるだけではなく、民の内側にもできてしまいました。試練は、内側と外側の両方から彼を襲ったのでした。

一九三〇年代のドイツ

これも似たような歴史やドラマを、恐らく皆さんもたくさんご存じではないでしょうか。ナチス時代の、ドイツの教会もそうでありました。ドイツの教会は、帝政時代には優遇されていましたが、ワイマール共和国時代には冷遇されました。その後ヒトラーは、教会を条件付きで再び優遇しようとします。ナチス政府の政策に協力的な教会を優遇したのです。ヒトラーの政策に屈しないドイツ告白教会というのが、ボンヘッファーたちを中心にできるのですが、あまりにも厳しい時代です。やがて批判の焦点は、ヒトラーから告白教会運動のリーダーたちに向けられていき、この運動は内部分裂し、崩壊していくのです。そしてそれこそがナチス政府のねらいであったわけです。

他にも、そのようなことは、歴史上、さまざまな地域でありました。このエジプトのファラオも同じです。彼は今や、モーセを自らやっつける必要はありません。自分たちの民をして、モーセを憎ませ、退けさせようとするのです。非常に悪魔的で狡猾《こうかつ》です。

世の終わりの試練

一一月二九日から待降節（アドベント）に入ります。その直前は、教会暦では一年の終わりの季節であり、特に世の終わりと主の再臨に心を留める時とされています。そのことを覚えて、新約聖書は、マタイによる福音書二四章の、世の終わりについてイエス・キリストが語られた言葉を読んでいただきました。今日の出エジプト記の記事に通じるものがあると思ったからでもあります。

「その時、人々は、あなたがたを苦しみに遭わせ、殺すだろう。また、私の名のために、あなたがたはすべての民に憎まれる」（マタイ二四・九）。これは、モーセがエジプト人からもイスラエル人からも憎まれたのと似ています。そしてこう続けます。

「その時、多くの人がつまずき、互いに裏切り、憎み合うようになる。また、偽預言者が大勢現れ、多くの人を惑わす。不法がはびこるので、多くの人の愛が冷える」(マタイ二四・一〇～一二)。試練は外から来るだけではない。外側から試練が来る時、しばしば内側が結束し、かえって強められる経験をしますが、その試練があまりにも大きい時、それが限度を超えた時には、内側もおかしくなってくる。内側で批判し合い、愛が冷えていくのです。それは、小さな共同体、教会であったり、家族であったり、きょうだいであったりもするでしょう。

「偽預言者が大勢現れる」と言います。「あんな奴の言うことを聞くな。あいつのせいで、私たちはこんな目にあうようになったのだ」という人間が出てきます。いろいろな共同体でそれが起こります。そして試練が厳しい時には、それがもっともらしく聞こえてくるのです。一日も早くその試練から抜け出したい。もうこういうことにかかわりたくないと思うからです。恐らくこの時のエジプトの奴隷たちも同様であったことでしょう。

神のドラマは始まっている

しかし神様の物語はそれで終わりません。それらは終わりの一つ手前なのです。イエス・キリストの言葉も、こう続きます。「しかし、最後まで耐え忍ぶ者は救われる。そして、この御国の福音はすべての民族への証しとして、全世界に宣べ伝えられる。それから、終わりが来る」（マタイ二四・一三～一四）。

モーセの物語もそうです。「そこで民はモーセを憎むようになり、モーセは民のリンチにより殺されました」というのではないのです。モーセは神に祈りました。「わが主よ、なぜあなたはこの民を苦しめられるのですか。なぜ私をこうして遣わされたのですか。私がファラオのもとに行ってあなたの名によって語って以来、ファラオはこの民を苦しめています。それなのに、あなたはご自分の民を救い出そうとされません」（五・二二～二三）。

モーセには、神が不思議でなりませんでした。「神様、私を呼び戻し、『ファラオのもとへ行け』と言われたのは、あなたではありませんか。どうして沈黙しておられるのですか」。神様は、そのモーセの切実な訴えを放置したままにしておかれませんでした。

ただ神様には神様の定められた時があったのです。

「さて、主はモーセに言われた。『私がファラオに行うことを、今こそあなたは見るだろう。すなわち、力強い手によってファラオは彼らを去らせ、力強い手によってファラオは彼らをその地から追い出すことになる。』」（六・一）

モーセの知らないところで、この神様のドラマはすでに始まっていたのです。じわじわと見えない形で、神様の計画は進行していました。

敵は外にも内にもある

私たちの信仰生活も、さまざまな試練に取り囲まれています。私たちの信仰を揺さぶる者が外側にも内側にもいます。誘惑に取り囲まれています。外にも内にも試練と誘惑が潜んでいる。

「この世のさかえ　目を惑わし、

誘惑の声　耳に満ちて、
敵は外にも　内にもある。
お守りください、主よ、私を。」
（『讃美歌21』五一〇番二節）

私たちを取り囲んでいる現実はどうでしょうか。コロナ禍の中、行き詰まった思いをおもちの方もあるかもしれません。そういう時こそ結束しなければならないのに、愛が冷えて、かえって対立することもあるでしょう。世界の状況に目をやっても、気持ちが押しつぶされそうになります。地球上のあちこちで、このモーセの祈りを自らの民族の祈りとして祈らざるを得ない人々があるでしょう。しかし神様は、その祈りをただ放置しておかれるのではありません。神様のドラマはすでに見えない形で始まっているのです。

神の愛が私たちを試練から守られる

使徒パウロは力強くこう語りました。

「誰が、キリストの愛から私たちを引き離すことができましょう。苦難か、行き詰まりか、迫害か、飢えか、裸か、危険か、剣か。……私は確信しています。死も命も、天使も支配者も、現在のものも将来のものも、力あるものも、高いものも深いものも、他のどんな被造物も、私たちの主キリスト・イエスにある神の愛から私たちを引き離すことはできないのです。」

（ローマ八・三五～三九）

この苦難を通り越して神様の愛を示されたイエス・キリストが私たちと共にあるならば、外側から襲ってくる試練に対しても内側から襲ってくる誘惑に対しても、この主とつながって乗り越えていくことができるのではないでしょうか。終わりの日を見上げながら、そのような思いで毎日を過ごしていきましょう。

（二〇二〇年一一月一五日）

9 確認

出エジプト記六章二節～七章七節
コリントの信徒への手紙二 一二章七～一〇節

新型コロナ・ウイルスの感染拡大が止まらず、全国で一一都府県に緊急事態宣言が出されました。そうした中、先週一月一一日は成人の日でしたが、多くの自治体では集まる形の成人式祝典を中止しました。また昨日、今日と、初めての大学共通テストが実施されています。若い人たちにとって受験というのは人生の行方を左右するほどの一大行事です。どうか無事に試験が行われ、また受験生たちの体調や環境が守られますように、お祈りしたいと思います。今日は、そうしたことも視野に入れながらお話しいたします。

モーセとアロンの系図

まず六章一四節から二五節の系図について触れておきましょう。系図には何らかの意図があります。系図と言えば、多くの人はマタイ福音書の冒頭にあるイエス・キリストの系図を思い浮かべるでしょう。あの系図は、イエス・キリストの血筋を問題にしているのではありません。血筋を問題にするのであれば、あの系図には大いなる矛盾がありとます。アブラハムからマリアの夫ヨセフにたどりついたところで、ヨセフとイエス・キリストには血のつながりはないからです。ですから「約束の系譜」を表すものであると考えたほうがよいでしょう。マタイはあの系図によって、イスラエルの歴史とイエス・キリストの誕生が無関係ではないのだと告げ、それがどう関係しているのかを示そうとしたのでした。

モーセとアロンの系図もそれに通じるものがあります。モーセとアロンが、神様の大きな計画の中で、どこに位置するのかということを示そうとしているのです。

「イスラエルの長子ルベンの子らは」（六・一四）と始まります。出エジプト記は、一章一節で「ヤコブと共に、それぞれ家族を連れてエジプトにやって来たイスラエルの子らの名は次のとおりである」と述べ、ヨセフ以外の一一人の名前を挙げましたが、ここでその続きを語ろうとしています。しかし全員に触れるわけではなく、上から順に、ルベン、シメオン、レビまで来て、その後はレビの子孫に集中していきます。その途中で、モーセとアロンの両親が「アムラム」と「ヨケベド」という名前であったということも明らかにされます（六・二〇）。

そして「主がイスラエルの人々を集団ごとにエジプトの地から導き出すように命じられたのは、このアロンとモーセであり、イスラエルの人々をエジプトから導き出すようにエジプトの王ファラオに語ったのも、このモーセとアロンである」（六・二六～二七）というのです。

このすぐ後で、アロンの役割について述べられることや、後にアロンの家系がレビ直系の祭司職を担っていくことから、特に、アロンの位置付けをきちんとしておく必要があると思われたのでしょう。

二つの任務を携えて再登場

さて六章二節から一三節は、内容的には新しいことはあまり記されていません。しかし大事な箇所です。ここで、これまで神様が語られてきたことが再確認されるのです。モーセは、二重の任務を携えて登場いたします。一つは、イスラエルの人々に向かって語ること（六・六～八）、もう一つはファラオに向かって語ること（六・一〇～一一）でした。それは、五章において、モーセが両方の側から拒否されたのを受けているのでしょう。

ここで神様が、モーセにその任務を告げながら、同時に確認しているのは、「私は主である」（六・六）ということ、そして「私はあなたがたを私の民とし、私はあなたがたの神となる」（六・七）ということでした。モーセは、最初に召命を受けた時にも、「私は何者なのでしょう」（三・一一）と言って退こうとしましたが、神様はここでモーセの召命と、ご自身が共にいることを確認させるのです。

話し下手のモーセ

系図の後、物語は次のように再開します。やはりモーセは神様に訴えるのです。「御覧ください。私は話し下手な者です。どうしてファラオが私の言うことを聞くでしょうか」（六・三〇）。

モーセは以前にも「私は本当に口の重い者、舌の重い者です」（四・一〇）と尻込みしましたが、神様に「私はあなたと共にいる」、さらに「アロンを共に遣わす」と約束されて、重い腰をようやく上げたのでした。今はもうエジプトに帰ってきています。しかしモーセはこの期に及んで、再び逃げ腰になるのです。

三〇節の「話し下手な者」というのは意訳です。新共同訳聖書では、原文に近く、「唇に割礼のない者」と訳されていました。そこには、神様に向かって「私の唇は清められていない」と言いたい気持ちが現れているのでしょう。

これは、一方でモーセの言い訳であろうと思いますが、モーセはやはり話し下手であったのだろうと思います。神様の言葉を語るのに、話し下手であるというのは致命的な欠点のように思えます。しかしそのような人間を、神様はご自分の使者として立てられる。そのような話し下手の人間にご自分の最も大切な使命を託される。これはどういうことなのでしょうか。

神様はいわばモーセのスポークスマンとして、兄のアロンを立てられました。そうであれば、初めからモーセを外してアロンを指導者として立てたほうがよかったのではないでしょうか。モーセもそれを望んでいたかもしれません。

人間の雄弁さではなく

使徒パウロも話し下手であったようです。パウロのことをコリントの人々は、「手紙は重々しく力強いが、実際に会ってみると弱々しい人で、話もつまらない」（コリント二一〇・一〇）と言ったそうです。おもしろい表現です。神様はどうして、そのような人を立てられるのでしょうか。

それは、そういう口を通してこそ、神の力が働くからではないでしょうか。もしも雄弁な人が演説をして、それにみんなが感動してついてきたとしたら、その人の力、その人の能力ということになってしまうのではないでしょうか。その人自身もそのように思うかもしれませんし、みんなもその人をほめたたえ、持ち上げるでしょう。もしもアロンが直接、神の使者として立てられていたら、実際、そうなっていたかもしれません。そうならないように、神様はあえて、話し下手のモーセを立てられたのではないでしょうか。

それは、そこで告げられる言葉が、雄弁な人間の演説ではなくて、神の言葉、神の命令であり、神様がこの計画の中心におられることがわかるためではないでしょうか。人間の弱さ、欠点を通してこそ、神の力が働く。いやこれは神の力以外の何ものでもないということがわかるために、神様はあえてそういう器を選ばれるのではないかと思います。

七章一節にこう記されています。「主はモーセに言われた。『見よ、私はあなたをファラオに対して神とし、兄のアロンはあなたの預言者となる』」。この話し下手な男がエジプトの王と対峙し、神（の代わり）となるというのです。話し下手であるからこそ、そこで本当に語っておられるのが神であるのが明らかになります。そうは言っても、モーセは自分で語ることすらできません。神から与えられた言葉をアロンに告げ、アロンがそれをモーセに代わって、ファラオに語るのです。「兄のアロンはあなたの預言者となる」とは、そういう意味です。預言者は、「言葉を預かった者」です。アロンは神の預言者ではなく、あくまでモーセの預言者、モーセの言葉を預かった者です。なぜそのような回りくどいことを命じられたのか。それは、そこで語られていることがアロンの雄弁によるものではなく、神から命じられたものであるのがわかるためでありました。

使徒パウロの弱さ

使徒パウロもまた話し下手であったようだ、と申し上げましたが、彼は指導者として立つには、それ以外にも何か決定的な欠点をもっていたようです。パウロはこういうふうに述べるのです。「私の体に一つの棘《とげ》が与えられました。それは、思い上がらないように、私を打つために、サタンから送られた使いです」（コリント二 一二・七）。この「棘」というのが一体何であったのか、よくわかりません。目が悪かったのではないか。いや何か精神的な病い、てんかんであったのではないかという説もあります。いずれにしろ、彼にとっても、他の人にとっても、人前に立つには明らかにマイナスと考えられる何かを、パウロはもっていました。

彼はこう続けます。「この使いについて、離れ去らせてくださるように、私は三度主に願いました」（同一二・八）。これはただ一晩に三回祈った、というようなことではないと思います。伝道者としての生涯のさまざまな時期に、三度必死に祈ったということでしょう。しかし彼は三度目に、主なるキリストの声を聞くのです。「私の恵みはあなたに十分である。力は弱さの中で完全に現れるのだ」（同一二・九）。

私の二〇歳の時

先週、成人の日があったと申し上げましたが、私は、これから大人としての人生を始めようとしている若い方々にも、この言葉を贈りたいと思います。「私の恵みはあなたに十分である。力は弱さの中で完全に現れるのだ」。青年たちの中にはまだ大きな挫折を経験したことのない人もあるでしょう。若いなりにすでに人生のつまずきを経験しておられる方もあるかもしれません。受験を控えている方、就職活動の最中にある方、恋愛につまずいている方もあるでしょう。それらの経験はすべて、人生で大きな意味をもってきます。

よいこともあれば悪いこともある。うれしいこともあればつらいこともある。成功もあれば失敗もある。それらすべてが意味をもっていますが、どちらかと言えば、ネガティブな経験、みんなが経験したくないようなこと、つらいこと、苦しいこと、悲しいこと、失敗、不幸なこと、そうした経験のほうが、より大きな意味をもっていると思うのです。なぜかと言いますと、そのような時にこそ、神様がより身近にいてくださるからです。私たち自身がそこで、真剣に神様を向いているからかもしれません。私たちは満ち足りている時は、往々にして神様のことを忘れているものです。成功している時は、これは自分の力でそうなったと思いがちです。そのようなところでは神様の力は働かないのです。神様の力は、弱さの中でこそ発揮されるのです。

私は二浪いたしましたが、二浪すると浪人中に二〇歳の誕生日を迎えることになります。高校時代の友人たちがすでに大学に入って、自分の専門の勉強をしているのを見たり聞いたりしながら、あせりました。「自分はこんなところで何をしているのだろう。こんなところで足踏みをしていてよいのだろうか」。そんな中で、これから何を勉強すべきかさえ、はっきりとは定まらない自分を、もどかしく思っていました。二〇歳の誕生日の日に、私はなぜか「自分の人生の半分が終わった」という感覚をもちました。今思うと、随分大げさなことを考えたものだと思います。もちろん「半分」というのは、時間の長さのことではありません。何かしら、自分の人生を導く重要な事柄がすでに決まっている、あるいは自分の中にすでにあるのではないかと思ったのです。自分の中にすでにあるもの、ということで、その時から、急にキリスト教の勉強を本気でしてみたいと思うようになりました。洗礼は高校一年生の時に受けていました。ですから私は二浪していなければキリスト教を学ぶ道に進んでいなかったか、あるいはずっと回り道をしたのではないかと思います。

弱さを誇る

パウロは、こう続けます。「だから、キリストの力が私に宿るように、むしろ大いに喜んで自分の弱さを誇りましょう。それゆえ、私は、弱さ、侮辱、困窮、迫害、行き詰まりの中にあっても、キリストのために喜んでいます。なぜなら、私は、弱いときにこそ強いからです」（コリント二　一二・九～一〇）。これはパウロが苦しんで苦しんで、苦しみ抜いた末に到達した真理です。「私は弱いときにこそ強い」というのは、負け惜しみではありません。これは信仰の逆説的真理です。弱ければ弱いほど、空っぽの器に水が、サアッと入って来るように、神様の力が入って来るのです。それは自分自身の強さではないがゆえに、かえって強いのです。

七章六節によれば、モーセとアロンは、この時すでに八〇歳と八三歳でした。この二人の年齢も、弱さを表しているのかもしれません。普通の人間であれば終わりの準備をする頃でしょう。しかしこの時彼らは、始まりの準備をしたのです。肉体的には老齢でありつつ、神の力に生かされて、青年としての出発をしたと言えるでしょう。この後モーセは四〇年に及ぶ荒れ野の旅のリードをすることになります。神様はあえて限界のもの、もうこれで終わりだ、というものを用いることによって、それが神の業であること、そこに神様の力が働くことを示そうとされたのではないでしょうか。

（二〇二一年一月一七日）

10 災禍

出エジプト記七章八節～八章一五節
ルカによる福音書一一章一九～二〇節

東日本大震災一〇年、熊本地震五年

先週の四月一六日は、熊本地震の本震から五年目の日でした。また今年の三月一一日で、東日本大震災一〇年となりました。東日本大震災の時、私は東京にいましたが、東京でもかなり揺れたので、記憶に鮮明に残っています。そしてその年の五月と六月と八月、三度にわたって仙台・石巻方面の津波の被害のひどかった地域を、ボランティア・ワーカーとして訪ねましたが、その被害の大きさ、特に津波のすさまじい破壊力に言葉を失いました。福島の原発事故被害の地には、もちろん入ることはできませんでした。数年後に日本基督教団の社会委員会で、被災により活動を休止している無人の教会を訪ねましたが、人気《ひとけ》はなく、二〇一一年当時の教会学校の掲示板がそのままになっていました。

熊本地震は、鹿児島に赴任して一年後のことでした。一か月後に益城町と御船町を訪ねましたが、やはり地震の恐ろしさを痛感しました。

私たちは、こうした自然災害に遭遇する時、信仰者として、それをどう受け止めればよいのか戸惑います。神様は、どうしてこのようなむごいことをなさるのか。いやそもそも神様はこのことにかかわっておられるのか。私たちはそこで安易な答えを出さないほうがよいと思います。少なくとも、そこで被害を受けられた方が神様の裁きを受けたということでは決してありません。

ただそのことを通して、神様は私たちに何かを訴えかけ、何かを警告しておられるのではないかということを聞き取ろうとするのは大切であると思います。

単純な自然災害であったはずのものが、人類の文明や科学技術の進歩によって、かえって大きな被害となってしまった。いわば人災となってしまったということは、しばしばあります。私たちに与えられた出エジプト記の物語、ナイル川の水が血に変わってしまったことや、蛙《かえる》が大発生したという物語は、そうしたことに関係があるように思います。

大蛇（タンニン）

出エジプト記七章の冒頭で、主なる神様はモーセに対して、「アロンと一緒にエジプトの王ファラオのもとに行くように」と命じられました。その後七章八節から一一章一〇節までは、主なる神様がエジプトからイスラエルの民を導き出すために、次々とエジプトに災いを下されるという話です。それが延々と続いて、全部で一〇もの災いが下されました。今日は七章八節から八章一五節までのお話をします。

最初の部分（七・八～一三）では、主なる神の言われたとおり、アロンがファラオの前で、杖を投げるとそれが大蛇になりました。ファラオはまだこの程度では驚きません。エジプトの賢者、呪術師を召し出して、その中の魔術師に同じことをやらせるのです。しかしアロンの杖の大蛇は、エジプトの魔術師の杖の大蛇を呑み込んでしまいました。これはその後、起こってくる出来事のプロローグのようです。同じようなことをやって見せても、モーセとアロンのほうが上であることを示しています。

ちなみに新共同訳聖書では「蛇」と訳されていた言葉が、聖書協会共同訳では「大蛇」になりました。実は四章三節に出てくる「蛇」は元のヘブライ語では「ナハシュ」

という言葉ですが、ここで「大蛇」と訳されているのは、それとは違って「タンニン」という言葉です。それを丁寧に訳し分けたのです。創世記一章二一節に「神は大きな海の怪獣を創造された」とありますが、その「海の怪獣」が「タンニン」という言葉です。「タンニン」という言葉は、とても大きな力を持ったものを指し示しています。カオス（混沌）の勢力を指し示したり、エジプトのファラオのシンボルとしても用いられたりしています（エゼキエル二九・三～五、三二・二）。神様はここでアロンの杖を「大蛇」にして、エジプトのシンボルである「大蛇」を呑み込ませるというふうにも読めるでしょう。それは、やがてイスラエルの民が二つに分かれた水の中を通り抜けた後、エジプトの軍隊を呑み込んでしまったということを、予見させるものでもあります。

血の災い

そこから十の災いが始まります。最初は、「血の災い」です。モーセとアロンは、翌朝、主なる神の言葉を受けて、再びファラオの前に立ちます。舞台は、ナイル川の岸辺です。

「ヘブライ人の神、主が、私をあなたのもとに遣わして、『私の民を去らせ、荒れ野で私に仕えさせよ』と命じられた。しかし、あなたはこれまで聞き入れようとはしなかった。それで、主はこう言われる。『次のことによって私が主であることを知るようになる。』
（七・一六～一七）

そしてアロンが杖でナイル川の水を打つと、水は血に変わります。川の魚は死に、川は悪臭を放ちました。ナイル川の水だけではなく、エジプト中の水という水の上にアロンが杖を伸ばすと、すべてが血に変わっていきました。このようにしてエジプト中が血に染まったのです。

ところがエジプトの魔術師もまた同じようなことをやって見せました。それでファラオは心をかたくなにします。そんなことはヘブライ人の神でなくてもできる、ということでしょう。

この時にファラオは、エジプトの為政者として、魔術師を使って自分のもつ力を、自分の民を守るためにではなく、自分の立場や自分の権威を見せつけるために用いました。それにより、エジプトの人たちは一層困ったわけですが、ファラオは意に介しませんでした。

このことも私たちの現代の世界に通じるものがあります。現代においても、為政者たちが自分のもてる力を自分の民を守るためではなく、しばしば自分の民を苦しめるために用いることがあることを思わされます。特に今年二月以降のミャンマーの情勢を見ていると、そのことを強く思うのです。

蛙の災い

その次が蛙です。エジプト中に蛙を大発生させるという災いです。王宮を襲い、寝室にも侵入し、ファラオの寝台の上にまで、蛙が上がってきました。それだけではなく、一般の民家の台所にまで入り、かまどやこね鉢にも入り込みました。これは少しユーモラスな感じがいたします。しかし気持ち悪いし、さぞかし不快な出来事であったでしょう。これもまたエジプトの魔術師が同じことをやって見せます。

神はアロンに命じて、さらにエジプト中の流れ、水路、沼地にまで、蛙を大発生させます。エジプトの魔術師たちも秘術を使って、同様のことをやって見せました。

蛙はどんどん増えていきました。しかしここでちょっとした変化が起きます。これまではずっとモーセとアロンがファラオのほうへ押しかけていたのですが、ここで初めてファラオがモーセとアロンを呼び出し、こう頼みました。

「私と私の民のもとから蛙を追い払うように主に祈ってほしい。そうすれば、民を去らせ、主にいけにえを献げられるようにしよう。」(八・四)

これは何を意味するのでしょうか。それは、エジプトの魔術師たちは蛙を大発生させることはできたけれども、終息させることはできなかった、ということです。もしも魔術師たちにそれができたのであれば、ファラオは彼らを呼んで終息させたことでしょう。しかし彼らにはできなかったのです。

これは、今日の私たちの文明にとっても示唆的ではないでしょうか。人間は、神の業の領域にまで入り込み、神にしかできないと思われていたさまざまなこともできるようになってきました。しかし調子にのってやっているうちに、自分でそれをコントロールできなくなってしまった。終息させることができない。特に原発というのはその最たるものでしょう。広げるだけ広げておきながら、使用済核燃料廃棄物の処理方法すら思いつかないのです。また公害による水質汚染や大気汚染も同様ではないでしょうか。人間の驕《おご》り、傲慢さの先にあるものはそういうものかと思わされます。

モーセ・アロンのチームとファラオ・魔術師のチームの対決は、ここから形勢が逆転していきます。もとを正せば、モーセの側にはずっとひとつの要求がありました。それは、「どうか、私たちに三日の道のりをかけて荒れ野を行かせ、私たちの神、主にいけにえを献げさせてください」ということでした（五・三）。ここで思いがけず、ファラオが「それを許す」と言ったのです。モーセは驚いて、「それはいつですか。私のほうはいつでも蛙を去らせることができます」と言うと、ファラオは「明日」と答えました。モーセは約束を果たすのですが、蛙がいなくなったり死んでしまったりすると、ファラオは再びかたくなになっていきます。エジプト中に蛙の死骸があふれ、悪臭を放つようになりますが、それも人間の傲慢さの後遺症のようなものかもしれません。公害の問題はたとえおおもとを止めることができたとしても問題の後遺症は長く続くのです。

ぶよの災い

三つ目の災いは、ぶよの災いです。アロンが「地の塵」を、例の杖で打つと、地の塵はすべてぶよに変わっていきました。そしてエジプト全土の人と家畜を襲いました。これまでの対決では、必ず魔術師も同じようなことをやって見せましたが、今度ばかりはもう秘術では追いつけません。そして、こう言いました。「これは神の指によるものです」（八・一五）。魔術師自身が降参宣言をするのです。彼らはファラオよりもいち早く、自分たちが闘っているのが一体誰であるかを悟ったのでしょう。

今日では、秘術というよりも科学がこれに近いことをやっているのではないでしょうか。これまで神様の領域と考えていたところへ、次々と人間の科学が挑戦して、それは人間の技術でもできるということを実証して見せています。その領域は宇宙科学に及び、生命科学に及んでいます。

しかしながら不思議なことに、そこから同時に、両極端の二つの声が聞こえてくるのです。一つは、「やはり神などいないのだ。人間はそのうちに何でもできるようになるであろう」という声であり、もう一つは「やはり神のなさる業は神秘的で、偉大だ」という声です。

意外なことに、本当に優れた科学者の中に敬虔な信仰をもった人が多いものです。それは科学について学べば学ぶほど、「これは神の指によるものです」と認めざるを得ない領域に気付くからではないかと思います。人間の到達できる領域はどんどん広がり、深まっていくでしょうが、決して神様に追いつくことはないでしょう。遺伝子をすべて解明したとしても、神様はさらに深い神秘を用意しておられたことに、科学者は気付くのではないでしょうか。この時の魔術師もちょうどそのような心境であったかもしれません。

神の指で悪霊を追い出す

この「神の指」という言葉は、実は新約聖書にも出てきます。先ほど読んでいただいたルカによる福音書一一章二〇節です。「しかし、私が神の指で悪霊を追い出しているのなら、神の国はあなたがたのところに来たのだ」(ルカ一一・二〇)。イエス・キリストは神の指を持っておられた、というか、イエス・キリストの存在そのものが神の指のようなものであったと言ってもよいかもしれません。

その「神の指」は、私たちにも働いており、現代の私たちの世界にも働いていると信じます。コロナ禍にある私たちは、どうしたら、この八方ふさがりのような状況から抜け出すことができるか。きっと神の指の働きによって導かれるということを信じたいと思います。そして私たち自身も、神の指の働きに突き動かされて働く者となりたいと思います。

サクラメンタルなアロンの杖

この時、神様には「神の民をエジプトから去らせる」という大きな目的がありました。それを神様は、直接、自分一人でやってしまうこともできたでしょう。そのほうが楽であったかもしれません。しかしモーセを用い、アロンを用いて、ことを進められる。しかも杖を用いてことを進められる。この時、アロンが魔術師に勝ったのではありません。モーセが魔術師に勝ったのでもありません。神がその杖を用いて勝利されたのです。

その杖にはサクラメンタルな意味があったと言ってもよいでしょう。サクラメントというのは、プロテスタントでは通常「聖礼典」と訳されます。プロテスタントでは洗礼と聖餐がサクラメント（聖礼典）です。

洗礼には水が用いられ、聖餐にはパンとぶどう酒（ジュース）が用いられます。それは普通の水であり、普通のパンとぶどう酒でありながら、神がそれを用いられる時にはそれを超えた意味をもち、それを超えた働きをするのです。そういうことがサクラメンタルということです。

ファラオは、この時魔術師の「これは神の指によるものです」という言葉を聞きながら、謙虚に「そうか。わかった」と神の働きを認めることはありませんでした。それどころか一層、かたくなになっていきました。そのために神様はモーセとアロンを用いて、次の業へと進んでいかれるのです。

（二〇二一年四月一八日）

11 対決

出エジプト記八章一六節～九章一二節
ローマの信徒への手紙一二章一～二節

ホームページなどでお知らせしていますように、新型コロナ・ウイルス感染症拡大のため、五月三〇日まで教会に集う礼拝を中止し、動画配信による礼拝のみとすることとしました。毎週日曜日の朝一〇時三〇分の配信開始の予定ですが、遅れることもあるかもしれません。その時はどうぞお赦しください。

あぶの災い

エジプトのファラオがかたくなで、イスラエルの奴隷たちに、荒れ野で神に礼拝するための休みを与えないということで、神様はモーセとアロンを通して、エジプトに十の災いを下されます。前回はその最初の三つを扱いました。「血の災い」「蛙の災い」「ぶよの災い」でした。今日はその続きの三つ、「あぶの災い」「疫病の災い」「腫れ物の災い」についてお話しします。

神様はモーセに、ファラオに対して、こう告げるように命じます。

「主はこう言われる。私の民を去らせ、私に仕えさせなさい。もしあなたが私の民を去らせないなら、あなたとあなたの家臣、あなたの民とあなたの家にあぶを送る。エジプトの家々も、彼らのいる土地もあぶの群れで満ちる。」　（八・一六～一七）

ただしこのお告げには続きがありました。

「しかし、私はその日、私の民の住むゴシェンの地を区別し、そこにはあぶの群れが入らないようにする。主である私がこの地のただ中にいることをあなたが知るためである。私は、私の民をあなたの民と区別して贖《あがな》う。明日、このしるしは起こる。」　（八・一八～一九）

ここから先の災いは、これまでの災いと違うところがあります。それは神様が守るとされるところ、そこには災いが及ばないということです。それは、この後の「疫病の災い」「腫れ物の災い」でも同様です。またそのことは、最後の「初子の災い」において最も鮮明になります。

地上の権威と神の支配

「私の民をあなたの民と区別して贖う」と言い、それは「主である私がこの地のただ中にいることをあなたが知るためである」と言われる。挑発的な言葉です。つまりここは地上においてはエジプトのファラオの所有地であるけれども、本当にこの地を支配しているのは主なる神、ヤハウェであると悟らせようとするのです。

このことは、この物語を超えて大事なことを語っています。鹿児島加治屋町教会の五月四日の聖書日課はローマの信徒への手紙一三章でしたが、そこには多くの人が「えっ」と思うであろう言葉がありました。「支配者への従順」と題されたところです。

「人は皆、上に立つ権力に従うべきです。神によらない権力はなく、今ある権力はすべて神によって立てられたものだからです。」（ローマ一三・一）

この箇所をどう読むべきか、慎重に考えなければなりません。マルティン・ルターは宗教改革においては、あれほど大胆でしたけれども、地上の権威に反旗を翻すことについては、とても保守的であり、当時の農民たちの支配者への抵抗運動（今日では民主化運動と言えると思いますが）については、この箇所をもとに、支配者の味方をしてしまいました。

またナチス・ドイツの時代にも、この箇所から当時の教会（ドイツ国家教会）は、ヒトラーに従うことを正当化してしまった面があります。

しかし地上の権威は、あくまで神様の意志を実施している限り有効であるということを忘れてはならないでしょう。上に立つ権威・権力を預かっている者は、その権威・権力のもとにある人たちを、自分の意のままにしてよいというのではありません。そのすぐ後にはこう記されています。「権力は、あなたに善を行わせるために、神に仕える者なのです」（ローマ一三・四）。

権威・権力は、神に仕えるためにあるのです。ですからそこから離れてしまう時には、神の裁きを受けるでしょう。

エジプトのファラオがすべて悪かったというわけではありません。その四〇〇年前、ヨセフを自分の家臣としたファラオは、そのことをよくわきまえていました。しかしこのモーセと向き合っているファラオはそうではありませんでした。ですから、彼がそのことを知るために、つまり主なる神、ヤハウェがこの地のただ中にいることを知るために、災いを下すと言われるのです。

ファラオの妥協案

あぶの大群がファラオの王宮や家臣の家を襲い、被害がエジプト中に及んだ時、ファラオはモーセとアロンを呼び寄せました。そしてファラオが妥協案を述べるのです。

「さあ、この地であなたがたの神にいけにえを献げなさい。」（八・二一）

ファラオは、お前たちの要求を認めることはできないが、エジプト国内で礼拝をするのは認めようと提案しました。それに対してモーセは、このファラオの妥協案に同意せず、それを退けました。その理由をこのように述べています。

「そうすることはできません。私たちは、私たちの神、主にエジプト人が忌み嫌うものをいけにえとして献げるからです。私たちがエジプト人の忌み嫌うものを彼らの目の前で屠るなら、彼らは私たちを石で打ち殺すでしょう。主が私たちに言われたとおり、私たちは三日間かけて荒れ野を行き、私たちの神、主にいけにえを献げなければなりません。」

（八・二二〜二三）

「エジプト人の忌み嫌うもの」とは何であったのか。学者の研究によりますと、エジプトでは神に献げるものは、植物か、せいぜい鳥や動物の肉片であったのに対して、ヘブライ人の献げものは、羊や山羊まるまる一頭でありました。もっともこれは、モーセのファラオに対する論戦のストラテジー（戦術）であったのでしょう。同時に、礼拝する時と場所と形にこだわり、「主を礼拝するとは一体どういうことであるか」をファラオに示そうとしたのかもしれません。ファラオはしぶしぶ、モーセの要求をのみます。

「私はあなたがたを去らせる。あなたがたの神、主に荒れ野でいけにえを献げなさい。ただし、決して遠くに行ってはならない。」

（八・二四）

そして「私のために祈ってほしい」と付け加えました。ファラオの言葉は、この時の複雑な気持ちをよく表しています。「荒れ野に行くことは仕方がない。承知した。けれども遠くへは行くな。三日の道のりなんてとんでもない」。そのことによってファラオはまだ、自分が主権をもっていることを誇示しようとします。しかしこの事態を何とかしなければならないので、モーセの神に対して、とりなしの祈りを願うのです。モーセは早速、ファラオのもとを去り、出かける準備をするのですが、あぶの大群が去ると、ファラオは再び心をかたくなにし、彼らを去らせないようにしてしまいます。

疫病の災い

その次は、「疫病の災い」（九・一〜七）です。これは家畜を襲う疫病でした。

「ファラオのもとに行って、彼に告げなさい。『ヘブライ人の神、主はこう言われる。私の民を去らせ、私に仕えさせよ。もしあなたが去らせることを拒み、なおも彼らをとどめておくならば、主の手は、野にいるあなたの家畜、馬、ろば、らくだ、牛、羊の群れに極めて重い疫病をもたらす。』」（九・一〜三）

しかし主はこう付け加えられました。

「イスラエルの家畜とエジプトの家畜とを区別する。イスラエルの人々の家畜は一頭たりとも死ぬことはない。」（九・四）

果たして主が言われたとおりになります。エジプト人の家畜はすべて死にましたが、イスラエルの人々の家畜は一頭も死にませんでした。ファラオが人を遣わして確認させましたが、やはりそのとおりでした。しかしファラオの心は一層頑迷になります。

腫れ物の災い

その次は、「腫れ物の災い」（九・八～一二）です。

「主はモーセとアロンに言われた。『二人で両手いっぱいにかまどのすすを取り、モーセがそれをファラオの目の前で天に向かってまき散らしなさい。それは塵になっ

てエジプト全土に降り注ぎ、エジプト中の人や家畜に降りかかって炎症を起こし、腫れ物となる。』」（九・八〜九）

モーセとアロンは、主なる神ヤハウェの語られたとおりにします。するとそれが空中を舞って、それに触れた者には、人であれ家畜であれ、腫れ物が生じました。そこにいた魔術師もそれに触れて腫れ物が生じ、そのためにモーセの前に立てなくなりました。腫れ物は魔術師だけではなく、エジプト人すべてに広がっていきました。しかしファラオはそれでもかたくなになり、モーセとアロンの言うことを聞こうとはしませんでした。それが六つ目の災いでした。

この世と妥協してはならない

最後に、このところのモーセの態度から大切なことを学びたいと思います。それはモーセが、肝心なところではファラオと妥協しなかったということです。

ローマの信徒への手紙一二章二節にこう記されています。「あなたがたはこの世に倣ってはなりません」（ローマ一二・二）。

以前の口語訳聖書では、「あなたがたは、この世と妥協してはならない」と訳されていました。私たちは、確かにこの世の中にある教会として、あるいはこの世に生きるクリスチャンとして、当然のことながらこの世の事柄と、そしてクリスチャン以外の人たちと協調してやっていかなければならないことが多々あります。逆にこの世から学ばなければならないことも少なくありません。「教会の常識は世間の非常識」などという皮肉な言い方もあるくらいです。教会では、「世間で通用しないようなことを平気でやっている」という意味でしょうが、それでは証しになりませんし、かえって大きなつまずきになるでしょう。

しかし同時に安易にこの世と妥協して、クリスチャンとして最も大切な点を曲げてはならないということもあるのではないでしょうか。一体、私たちはどこで協調し、どこで妥協してはならないのか。これはなかなか難しい、デリケートな問題です。具体的にそれが一体何であるかを特定することはできませんし、しないほうがよいかもしれません。

例えば、私は仏教のお葬式に参列してお焼香をするのはあまり気になりません。「それは偶像崇拝だ」と言って気にするクリスチャンもいますが、私はそうは思いません。むしろ亡くなった方の信仰に敬意を表してお焼香するのは自然なことであり、決して自分の信仰を曲げるようなことではないと思っています。もちろんお焼香したくないというクリスチャンがあれば、それはそれで尊重しなければならないでしょう。

あるいは日曜勤務のある仕事で、礼拝に出られないことを後ろめたく思われる方もあるかもしれませんが、それも「この世と妥協する」ことにはあたらないでしょう。たとえば日曜日に電車やバスやタクシーが動いていなければ、教会に来ることができない人もあるわけです。

私たちはなぜ迫害されないか

かつて歴史学者の弓削《ゆげ》達《とおる》氏（元フェリス女学院大学学長）が、『ローマ皇帝礼拝とキリスト教徒迫害』という書物の中で、興味深いことを述べておられました。それは、ローマ帝国時代のキリスト者（クリスチャン）たちがなぜ迫害されたのか、ということについてです。

紀元二世紀のローマ帝国において、「キリスト者は子どもの肉を食べ、近親相姦を行う」という社会通念、うわさを前提に、迫害され処刑されました。しかしそのようなことが事実無根であることが明らかになった後も「キリスト者」という名前そのものが処罰の対象となっていきます。

　実は人々がキリスト者を忌み嫌った背景には次のような理由があったというのです。それは第一に、彼らが皇帝礼拝をせず、都市の共同体祭儀（お祭り）にも加わらなかったということです。洪水や日照りが起こると、ローマの人々はキリスト者が神々を怒らせたのだと考えました。

　第二は、キリスト者が売買春や毒薬調剤というような都市のあだ花的繁栄に手を貸さなかったということです。それらはいわば社会の「必要悪」のように考えられていましたが、キリスト者たちは、それを信仰と相容れないものとして、毅然《きぜん》と「ノー」と言ったのです。キリスト者の存在そのものが、一般民衆の生活原理に対する根底的批判となっていました。そうしたところで、彼らはこの世と妥協せず、自分の信仰を貫いたのです。「殉教者」という言葉は、もともと「証言する人」という言葉から生まれたものでありました。

　弓削氏は、そのように書きながら、「今日の私たちはどうであろうか」と問います。「今日、『私はキリスト者です』という証言は何のインパクトも与えない。それは、キリスト者が迫害されない、よい時代になった、ということよりも、キリスト者自身が、ローマ時代のような社会に対する根底的な批判をそぎ落としてしまったからではないか」

と言われるのです。

この世が、あるいはこの世の支配者が、神様の御心に背いたような歩みをしている時にも何も言わないから、私たちはこの世から嫌われないのではないかということを振返ってみる必要があるかもしれません。例えば、原発への反対、国の右傾化に異議を唱えるなどは、そうしたことと関係するのではないでしょうか。

私たち一人一人が、「心を新たにして自分を造り変えていただき、何が神の御心であるのか、何が善いことで、神に喜ばれ、また完全なことであるのかをわきまえるようになりなさい」（ローマ一二・二）という言葉を謙虚に受け止めながら、御心に適った歩みをしていきたいと思います。

（二〇二一年五月一六日）

12 畏　敬

出エジプト記九章一三～三五節
ヘブライ人への手紙四章一二～一三節

災いの分類

　これまで「血の災い」、「蛙の災い」、「ぶよの災い」、「あぶの災い」、「疫病の災い」、「腫れ物の災い」という六つの災いを見てきましたが、少し整理しておきましょう。二つずつセットにするならば、最初の「血の災い」と「蛙の災い」は、ただ人に不快感を与え、困らせるものでした。その後の「ぶよの災い」と「あぶの災い」は直接に人と家畜を襲うものとなります。しかしそれは、あくまで外側から人と家畜を襲うものでした。その次の二つ、「疫病の災い」と「腫れ物の災い」は、家畜や人間の体に取りついて、いわば内側からそれを襲う災いであると言えます。

　あるいは、こういう分類をする人もいます。最初の三つの災い、「血の災い」「蛙の災い」に加え、「ぶよの災い」まではまだ「深刻な迷惑」にすぎなかったけれども、その次の三つは、実際に損失と肉体的苦痛をもたらした。さらにそれらは、最初の三つと違って、ゴシェンの地、イスラエルの人々が災害を免れたということもあるでしょう。

これらを通して、ファラオの決心が揺らぐきざしが現れ（「私のために祈ってほしい」八・二四）、魔術師たち、つまりファラオを取り囲む宗教体制の支持者たちは闘いをあきらめるのです（八・一五、九・一一参照）。

雹《ひょう》の災い

さてその後の七つ目の災いは、雹の災いです（九・一三〜三五）。ここにきて、災いはいよいよ人の命を奪うものに至ります。疫病の災いと腫れ物の災いは短い記述でしたが、その二つと対照的に、雹の災いの話は、一連の災いの中で最も長い記述となっています。

主はモーセとアロンに、ファラオに対して、こう語らせます。

「私は明日の今頃、エジプト始まって以来、今までになかったような恐ろしく激しい雹を降らせる。それゆえ、人を遣わして、あなたの家畜と、野にいるあなたのものすべてを避難させなさい。野にいて家に連れ戻さないものは、人も家畜もすべて、雹に打たれて死ぬであろう。」（九・一八～一九）

そしてモーセが天に向かって杖を差し伸ばすと、主は雷と雹を降らせました。エジプト中に雹が降り、雹の間を炎が駆け巡りました。それはエジプトの国が始まって以来、かつてなかったほど激しいものでした。それはエジプト全土で野にいるすべてのもの、人間も家畜もありとあらゆるものを打ちます。もちろん人や家畜だけではなく、植物もです。「野のすべての草を打ち、野のすべての木を砕いた」（九・二五）ということです。しかし不思議なことに、イスラエルの人々の住むゴシェンの地域だけには雹が降りませんでした。疫病の災いの時と同様、神はイスラエルの人々を区別して守られたのでした。

主の自由な選び

さてこのところからいくつか大事なメッセージを聞き取っていきたいと思います。第一は、主の自由な選びということです。神様は一様に災いを下されたわけではありませんでした。疫病の災いのところでは、神様はエジプト人の家畜とイスラエル人の家畜を区別して、イスラエル人の家畜には災いを加えられませんでしたし、雹の災いのところでも、イスラエルの人々の住むゴシェンの地には雹を降らせませんでした。神様はある者を選び分かち守られたのです。どのような者を選ばれたかと言いますと、単に「イスラエルの人々」と言うこともできますが、別の言い方をすれば、エジプト人の奴隷となって苦しんでいるイスラエルの人々を選ばれた。つまり神様は「虐げられている人々」「苦しみの中にある人々」を分かち、守られた、ということを見落としてはならないでしょう。そういうメッセージが込められていると、私は思います。

また神様の選びは、これまでのことですと、機械的にエジプト人とイスラエル人を分けられたように見えますが、注意深く読んでみますと、別の要素がここにあるのがわかります。ここでは、エジプト人に対して前もって警告を発せられています。

「それゆえ、人を遣わして、あなたの家畜と、野にいるあなたのものすべてを避難させなさい。野にいて家に連れ戻さないものは、人も家畜もすべて、雹に打たれて死ぬであろう。」（九・一九）

するとその警告を聞いて、主の言葉を畏れる者が現れてくるのです。「ファラオの家臣のうち、主の言葉を畏れた者は、自分の僕や家畜を家に避難させた」（九・二〇）。しかし、主の言葉に心を留めず、その僕や家畜を野に放置した者の家畜のみが雹に打たれました。

今やエジプト人の家臣の中にも、主の言葉を畏れる者が出始めたのです。魔術師の中にも「これは神の指によるものです」（八・一五）と告白した者がいました。そして主の言葉を信じ、それに従う者は災いから免れさせてくださいました。これは、主の言葉を畏れる者には、民族を超えて、主の救いが入り込んできたことを示すものではないでしょうか。旧約聖書には、イスラエルの民が選ばれた民という考えが中心にありますが、ここではそれを超えたメッセージ、新約聖書につながっていくメッセージが現れていると思います。

主を畏れることは知恵の初め

箴言九章一〇節に「主を畏れることは知恵の初め　聖なる方を知ることが分別」と記されています。「主を畏れることは知恵の初め」。この言葉は、詩編一一一編一〇節にも出てきます。あるいは箴言一章七節には、「主を畏れることは知識の初め」とあります。当時の人々は、これをくり返し教えたのです。主を畏れることと主の言葉を畏れることは、内容的には一つです。「初め」というのは、最初ということと同時に、最も大切であるという意味でもあります。

私たちは人生を生きていく中で、さまざまな知恵と知識を学びます。しかしそれがいかなる意味をもつかということは、主を畏れるかどうかにかかっているのではないでしょうか。主を畏れることなく、私たち人間がさまざまな知識を身に付けていく時、あるいは主を畏れることなく、力を手にする時、それらをもたなかった時よりも、より恐ろしい人間になっていく可能性があります。人間のすべての知識、知恵は、主を畏れ、その主をあがめる時に、初めて最も人間らしい、そして謙虚なものとして役立つのではないでしょうか。そして神様はそのような主を畏れる人間を心に留め、救いの内に置いてくださるのです。

神はすぐに結論を出さない

次に一四～一六節を見てみましょう。

「今度こそ私が、あなた自身とあなたの家臣と民に、あらゆる災いを送る。それによって、私のような者は地上のどこにもいないことをあなたは知るようになる。事実、私が今、手を伸ばしてあなたとその民を疫病で打ち、地から滅ぼすこともできる。しかし、私があなたを生かしておいたのは、私の力をあなたに示し、私の名を全地に告げ知らせるためである。」（九・一四～一六）

この言葉は、二つの大切な事柄を指し示しています。一つは、神様の徹底的な主権ということです。これはすでに少し触れましたが、神様が救いと裁きの決定権をもっておられるのです。

もう一つは、神様はある意図をもって裁きの時を引き延ばされるということです。私たちが読んでいる物語は、両者の力（つまりファラオの側とモーセの側の力）が伯仲していて、なかなか決着をつけることができないように見えます。ファラオのほうも魔術師に同じようなことをやらせて、「相手もなかなかやるなあ」というふうに見えるかもしれません。しかし実はそうではありませんでした。

「事実、私が今、手を伸ばしてあなたとその民を疫病で打ち、地から滅ぼすこともできる」(九・一五)。神様は、それをやろうと思えばできたけれども、あえてそれをしなかったというのです。イスラエルの民にしてみれば、こんなに時を延ばされれば、だんだんと不安になり、疑いも生じたでしょう。モーセも、「どうして神様は早く自分たちを解放してくださらないのであろうか」と思ったでしょう。しかし神様はすぐにそれをなさらなかった。どうしてでしょうか。そこには二つの理由がありました。一つは、「私の力をあなたに示すため」、もう一つは「私の名を全地に知らせるため」だというのです。このことのために、神様は時を引き延ばされたのです。

神の歴史のメインテーマ

これは、このファラオと神様の関係を超えて、神様の計画、いや歴史全体の中で、とても大きな意味をもっています。神様は、どのように歴史を考え、どのように私たち人間をお造りになったのかが、ここで示されているからです。神様が歴史を定められた大きな目的は、この世界に確かに神様がおられるのを人間が悟るということ、そして神様の名が全地に語り告げられ、神様に栄光が帰せられるということなのです。

しかし神様はそれを強制的に、力づくで、そうするのではない。有無を言わせず、ファラオを滅ぼしてしまって、それを悟らせるわけではない。人間が自分のほうからそれを悟るように、そして喜んでそうするようになるのを求めて、時を引き延ばしながら待っておられるのです。ですからよく言われる表現ですが、神様は人間をロボットのように自分に従う者としてお造りになったのではありませんでした。そうしようと思えばできたでしょうが、それは御心ではありませんでした。愛と信頼の関係を大事にされたのです。

逆に神様は、自分に背く者を一瞬にして根絶やしにしようと思えば、それもできたでしょう。しかしそれもなさらなかった。一瞬にして根絶やしにする道でもなく、強制的に従わせる道でもない。いわばその間の道をとられるのです。

人間が自分のほうから、神様が生きて働いておられることを悟り、主の名を畏れ、神様をあがめるようになること、そのために神様は時を与えられるのです。

この時、それでもファラオは一層かたくなになっていきますが、先ほど述べましたように、ファラオの家臣の中から、「主の名を畏れる」者がぽつりぽつり現れ始めます。そして神様は、彼らには災いを下さないように配慮なさったのです。人間があくまで自由な決断をもって、主を畏れ、主に立ち帰るように待っておられるのです。

神様の歴史というのは、むしろそれがメインテーマであって、そのテーマがその後の旧約の時代、そしてイエス・キリストの時代をずっと貫いて、今日に至っているのではないでしょうか。

神はなぜ「中間時」を置かれたか

さらにこういうことが言えるかと思います。聖書は、歴史には初めと終わりがあると告げます。この世界が、未来永劫に至るまで続くのではない。終わりの日がある。そしてその日には、再びイエス・キリストが帰ってきて、その歴史を完成してくださる。神の国が完成する、と聖書は語ります。

新約聖書の書かれた時代、つまりイエス・キリストが来られた直後の時代の人々は、「終わりの日がすぐにでも来る。すぐにイエス・キリストが帰ってきて、この世界を完成してくださる」と考えていました。ですから、新約聖書は（最初のほうに書かれたものと最後のほうに書かれたものには百年以上の幅があるのですが）、古い時代に書かれたものほど、そうした終末を感じさせる色彩が濃いのです。ところが、紀元一〇〇年を過ぎて、一五〇年くらいのものになってくると、「いやもしかすると、それはすぐには来ないかもしれないぞ」ということで、だんだんと教会を制度的に整えていく話が出てきます。

最初のうちは、そのようなことにはほとんど興味がないのです。すぐに世の終わりが来ると考えられていたからです。

それからなんと二千年が経ってしまいました。私たちは、イエス・キリストが来られた時と、世の終わりの時という二つの時の「中間時」を生きています。それにしても、神様はどうして、このような中間時を定められたのでしょうか。どうしてもっと早く終わりの日が来なかったのでしょうか。イエス・キリストがこの世界に遣わされた時、そのお方が十字架におかかりになった時、神様は悪い者を一掃し、一気に神の国を完成されてもよかったのではないでしょうか。いや神様にとっても、そのほうが手っ取り早く、楽であったかもしれません。しかし神様はそのような道をとられませんでした。強制的に自分に従わせる道、あるいは力ずくで悪い者を滅ぼされる道をとられなかった。さらにその後の時代を置いて、教会を建てられたのです。

そこには一体どういう意味があるのでしょうか。それは私たちが、ロボットのようにではなく、喜んで自ら悔い改めて、神様に従うようになるのを待つ。神の国もご自分で一気に完成してしまうのではなく、人間を巻き込んで、人間をご自分のパートナーとして、これを用いながら神の国を実現する。神様の側から言えば、実に忍耐深い道をとられたのだと思います。私たちが悔い改めて、主に立ち帰るのを待ち、パートナーとして共に働くのを喜ばれる神。それが聖書に表されている神様なのです。

（二〇二一年六月二〇日）

13 家族

出エジプト記一〇章一～二〇節
使徒言行録一六章二五～三四節

「ばった」か「いなご」か

主がエジプトに下された災いの話を続けて読んでいます。今日は、第一〇章に記された八番目の災い、「ばったの災い」です。新共同訳聖書、口語訳聖書では「いなごの災い」となっていました。

「ばった」と「いなご」について調べてみますと、まず「いなご」は「ばった」科の一種だそうです。詳しいことは抜きにしますが、「いなご」では、ここに記されているような「大群による災害」というのは起きないようです。しかし聖書以外でも、たとえば手塚治虫の『ブッダ』でも、「イナゴの大群が襲来して、すべてを食い尽くした」という表現が出てきます。これは中国語の「バッタ」である蝗という漢字に「イナゴ」という読みがなが付けられたためのようです。

学問上はいなご種にはこのような蝗害《こうがい》はないのですが、日本ではそういう現象が見られないので、漢字からいなごととらえられてしまって現在に至っているようです（サイト「昆虫食のセミたま」〈バッタとイナゴはどこが違う？　なぜイナゴばかり食べられる？〉参照 https://semitama.jp/column/1305/）。その意味で、聖書協会共同訳は、それを正しく訳し直したということができるでしょう。

ばったの災い

「ばったの災い」というと、日本にはそういう災害がないこともあり、あまり大したことがないように思えるかもしれません。二番目の「かえるの災い」と同じレベルで、ただ気持ち悪く、困ったものだと。しかも、ばったは食べられるものでもありました。レビ記一一章には、何を食べてよいか、何を食べてはいけないかということが記されているのですが、その中にこういうおもしろい食物規定があります。

「羽があって四本足で歩き、群がるものはすべて、あなたがたには忌むべきものである。ただし、羽があって四本足で歩き、群がるものであっても、その足に加えて、地を跳ねるための足のあるものは食べることができる。つまり、ばったの類、羽ながばったの類、大ばったの類、小ばったの類は食べることができる。」

（レビ一一・二〇～二二）

一口にばったと言っても、いろいろな種類があったのです。しかし、そのようなばったも大群になると、とても恐ろしいものになりました。ヨエル書一章四節には、こういう言葉があります。

「かみ食らうばったの残したものを
　群がるばったが食らい
群がるばったの残したものを
　若いばったが食らい
若いばったの残したものを
　食い荒らすばったが食らった。」

（ヨエル一・四）

ばったの大群が去った後には、本当に何も残らなかったのでしょう。このエジプトの上に下った災いも、そのように、いやそれよりもはるかに恐ろしいものでありました。

「ばったはエジプト全土を襲い、エジプトの領土全体にとどまった。このようにおびただしいばったの大群は前にも後にもなかった。地の全面を覆ったので、地は暗くなり、地のすべての草、雹を免れたすべての木の実を食い尽くした。エジプト全土には木も野の草も、緑のものは一つも残らなかった。」（一〇・一四～一五）

緑に潤った土地が、あっという間に、死の荒野に変わってしまいました。ばったの災いが下った後で、ファラオはモーセとアロンを呼び出して、「どうかもう一度だけ私の罪を赦し、私からこの死だけは取り除いてくれるよう、あなたがたの神、主に祈ってほしい」（一〇・一七）と懇願しました。新共同訳聖書では、「こんな死に方だけはしないで済むように」と訳されていました。このファラオの言葉から、ばったの災いが一国の王ファラオを死に至らせるほどの力をもっていたのがわかります。ただしファラオの願いをモーセが聞き届け、ばったを去らせると、ファラオの心は再びかたくなになっていきます（一〇・二〇）。これまでと同じ、お決まりのパターンです。

神様はばったのように、小さなものを用いて大きなことをなされる方であることを思います。これは災いの話ですが、神様はよいことにおいても、小さなものを用いて大きな業をなされる方であります。

主の祭りは私たち皆のもの

さて、ばったの災いがエジプトに下される前に、モーセはやはりいつものようにファラオに警告を与えていました。そしてそれを聞いていた家臣がファラオに進言をいたしました。

「いつまでこの男は私たちの罠となるのでしょうか。あの者たちを去らせ、彼らの神、主に仕えさせてください。エジプトが滅びかかっていることが、まだお分かりにならないのですか。」（一〇・七）

ファラオは、その進言を聞いて、一旦は心を開きかけるのですが、そう簡単にはいきません。彼はモーセとアロンに「行って、あなたがたの神、主に仕えなさい」（一〇・

八）と言いました。ただしそれに続けて「誰と誰が行くのか」と聞いています。もともと全員を行かせる気はないのです。モーセはこう答えます。「私たちは若い者も年寄りも一緒に参ります。息子も娘も、羊も牛も一緒に参ります。主の祭りは私たち皆のものです」（一〇・九）。ファラオは、これにより開きかけていた心を再び閉ざしてしまいます。「私があなたがたと家族を去らせるなら、主があなたがたと共にいるとでも言うのか。むしろ、あなたがたの前に災いがあるだろう」（一〇・一〇）。

これは皮肉かおどしのようです。「もしもお前たちが家族も家畜も全部連れ出すというのならば、せいぜいお前たちの神に祈るがよい。私がお前たちに災いを下してやる」。ですからそのように言った後、ファラオは、「そうはいかない。男だけで行って主に仕えよ」（一〇・一一）と前言を撤回しました。ファラオは、「全員で行かせたら、もう帰って来ないかもしれない」と思ったのです。男だけであれば家族のもとへ帰って来る、という思いがあったのでしょう。

それにしてもモーセの「主の祭りは私たち皆のものです」という言葉は毅然《きぜん》としていますし、まことに深い意味をもった言葉であると思います。ある種の信仰告白であると言えるかもしれません。

牧師をしていてよかったこと

私は、東京の教会で働いていた頃、近所のクリスチャンスクールの中学生たちから「牧師をやっていて、よかったと思うことは何ですか」という質問を受けたことがあります。私は、少し考えて「すべての世代にかかわれることとです」と答えました。

牧師も一応「先生」と呼ばれる職業の一つですが、学校の先生の場合には、小学校の先生、中学高校の先生、大学の先生というふうに分けられますが、牧師の場合には、すべての世代にかかわります。

子どもには子ども向きの話をし、大人には大人向きの話をする。青年には青年への対応をします。お年寄りにはお年寄り向きの配慮をし、訪問をしたりします。いや生きた人だけではなく、死んだ後までおつき合いは続きます。文字どおり、「ゆりかごから墓場まで」です。それが牧師という仕事の大変な点でもありますが、同時に魅力でもあります。飽きることがない。本当に喜ばしい仕事であると思っています。

ゆりかごから墓場まで

しかしそれは、牧師だけではなく、教会に来ている人はみんな、それだけの交わりの幅をもっているのです。教会は、そのように包括的な共同体です。

これは現代社会においては珍しく、そして貴重な交わりではないかという気がいたします。かつては、家族も大家族で、赤ちゃんからおじいさんおばあさんまでが、一つ屋根の下に住んでいましたが、今は核家族のライフスタイルが多くなりました。あるいはかつては村や町の地域共同体が、それぞれの家と深くかかわっていましたが、今はそれも非常に希薄になっています。隣に誰が住んでいるのかもわからない。

そうした中で教会は、それぞれの家族を支え、育む大家族である、まさに神の家族であると強く思います。教会には、幼児祝福があり、高齢者の祝福があります。結婚式があり、お葬式があります。

そして私たちの教会は、幼稚園と建物を一つにし、幼稚園と共に歩んでいます。家族礼拝は、幼稚園と教会を結ぶ場でもあります。また三月には、教会の主日礼拝に幼稚園児を迎えて卒園感謝礼拝を行っています。それは、教会には全世代的な交わりがあることを感謝して思い起こす時です。

柔軟な看守とかたくななファラオ

今日は、出エジプト記の物語と共に、使徒言行録の一六章の言葉を読んでいただきました。これはパウロとシラスがフィリピという町で、投獄されていた時の話です。真夜中頃に、牢屋の中で賛美歌を歌い、お祈りをしていました。すると突然、大地震が起きて、牢屋の扉が開いてしまい、囚人をつなぐ鎖も外れてしまいました。牢屋の看守は、恐ろしくなって自殺しようとしました。後で責任を追及されて、どうせ死刑になるだろうと思ったのでしょう。その瞬間に囚人であったパウロが大声で叫びました。「自害してはいけない。私たちは皆ここにいる」（使徒一六・二八）。「待て。早まるな」。看守は驚きました。「逃げることができたのに、どうして逃げないのか」。その瞬間にこそ、彼は大地震が起きた時よりも、もっとはっきりと大きな神の力を感じたのです。そして自分のほうから進んでパウロとシラスの前にひれ伏し、外へ連れ出して言いました。「先生方、救われるためにはどうすべきでしょうか」（使徒一六・三〇）。パウロは言いました。「主イエスを信じなさい。そうすれば、あなたも家族も救われます」（使徒一〇・三一）。

これは有名な言葉です。慰めに満ちた言葉であると思います。この話は二つの意味で示唆的であります。

一つは、この牢屋の看守のパウロに対する応対が、ファラオのモーセに対する応対と非常に対比的であるということです。もちろんこの看守は、ファラオとはけた違いの下っ端であります。上官のことをびくびく恐れている人間です。しかし一応、パウロの上に立ち、パウロを監視する立場にありました。彼はパウロと出会い、そこにあらわれた神の力を感じた時に、謙虚に自分を明け渡して、「一体、自分は何をすればよいのか」と尋ねました。そのところから彼の人生は変わっていくのです。ファラオがどんなにモーセを通して、神様の力が働いているのを目の当たりにしても、そこで心を閉ざしてかたくなになっていったことと対比的です。私たちに何が求められているのかということは、この二人の応対から見えてくるのではないでしょうか。

家族全体の救い

もう一つは、家族全体の救いということです。先ほど、「教会は神の家族である」と申し上げましたが、それを聞きながら、ご自分の実際の家族のことを思い浮かべられた方もあるかもしれません。「私はこの神の家族に連なっているけれども、私の夫はそうではない。子どもたちはそうではない」「自分が救われても、私の家族は一体どうなるのだろうか」。そうした私たちに、この言葉が与えられているのは、何という喜びでしょうか。「主イエスを信じなさい。そうすれば、あなたも家族も救われます」。家族の誰かが主イエスにつながる時、また主イエスの体である教会に連なる時、その一人を通して家族全体が神の家族に数えられるのです。その一人を通して、家族の中に突破口が開け、救いの風がすうっと入ってくるのです。

洗礼を躊躇《ちゅうちょ》する方の中に、先に亡くなった家族のことを思う方がおられます。「自分だけ救われても空しい。死んで夫と別々のところへ行くのであれば、天国でなくても一緒のところへ行きたい」。そのようにお考えの方が時々おられます。「家族って、何親等までですか。二親等ですか。三親等ですか」。私は、皆さんが家族と思われるところまでが家族なのだと思います。何親等かは関係ありません。血のつながりがなくてもよいでしょう。あちらの世界のことは、私たちには本当のところはよくわかりません。しかし私は「最もよき意志をもったお方が、私たちに最もよいものを備えて待っていてくださる」という約束で十分なのではないかと思っています。

ファラオに向かって、モーセは「いつまで私の前にへりくだるのを拒むのか」という神様の言葉を告げました（三節）。これは同時に、私たちにも向けられています。私たちは、この言葉にどう答えるのか。『讃美歌21』四三〇番に、こういう歌があります。

「かたく閉ざした　戸をたたいて
今なおイェスは　呼びつづける。
主イェスの愛の　その広さよ、
人の心の　その弱さよ。」
「私のために　死んだイェスの
その憐れみを　なぜ拒むか。
かたく閉ざした　戸を開いて
心の中に　主を迎えよう。」

主の問いかけに積極的な応答をし、イエス・キリストを受け入れる時に、イエス・キリストの祝福が私たちの家族全体を包み、神の家族に連ならせてくださることを心に留め、感謝したいと思います。

（二〇二一年七月一八日）

14　暗闇

出エジプト記一〇章二一～一一章三節
ヨハネによる福音書一二章三五～三六節

鹿児島加治屋町教会では、現在、新型コロナ・ウイルス感染の急拡大に伴い、礼拝を動画配信のみとしていますが、これを九月一二日まで継続することといたしました。この困難な時期、みんなで祈り合い、支え合って、乗り越えていきたいと思います。

ファラオに対する侮辱

さて、いよいよ一連の災いの物語も終わりに近づいてきました。ばったの災いの後、主はモーセに言われました。「天に向かって手を伸ばしなさい。すると闇がエジプトの地に臨み、誰もが手探りで闇を感じるようになる」（一〇・二一）。「闇が迫って来る」という表現がありますが、「手探りで闇を感じる」というのは、とてもリアルな表現であると思います。神様の言われたとおり、モーセが天に向かって手を伸ばすと、暗闇がエジプト全土に三日間臨みました。そして、人は互いに見ることも、自分の場所から立ち上がることもできませんでした。昼に日の光がないだけではなく、夜も月の光、星の光すらなかったのでしょう。一方で、イスラエルの人々が住むところには光がありました。

この暗闇の災いというのは、ファラオに対するこの上ない侮辱でありました。ファラオは、太陽神アモン・レーの化身と考えられていたからです。エジプトの二大神というのがナイル川と太陽であったそうですが、一連の災いは、ナイル川を血に染めるという、ナイル川の威光に対する打撃で始まりました。今やもう一つの神として崇められている太陽に対してなされたというのは、そのようにファラオの威信をあざ笑うものでありました。

決裂するファラオとモーセ

しかしファラオはずっと闇のままではたまりませんので、再び、モーセを呼び寄せました。

「行って、主に仕えよ。ただし、羊と牛は残すように。家族は連れて行ってよい。」
（一〇・二四）

ばったの災いのところでは、「男だけで行って主に仕えよ」（一〇・一一）と言いましたので、ここでファラオは、前より一つ妥協したと言えます。ただし羊や牛、つまり家畜は駄目だというのです。

ところがモーセのほうは妥協しません。このようにファラオに切り返しました。

「あなた自身もまた、会食のいけにえと焼き尽くすいけにえを私たちの手に渡してください。そうすれば、それを私たちの神、主に献げます。私たちは家畜も連れて行きます。ひづめ一つ残すことはできません。」
（一一・二五～二六）

そしてその理由を述べるのですが、これがまたおもしろいのです。

「私たちの神、主に仕えるためにその中から選ばなければなりません。しかも、そこに行くまでは、どれをもって主に仕えるべきか、私たちには分からないのです。」

（一〇・二六）

どれを献げるべきかは、土壇場で決めるというのです。これは、いかにも全部の家畜を連れて行くための方便という感じがいたします。それに加えて、ファラオからもいけにえの動物をいただくというのです。

これを聞いたファラオは、逆上して、再び彼らを去らせまいとします。ファラオは言いました。「出て行け。二度と私の顔を見ないように気をつけろ。私の顔を見る時は、お前が死ぬときだ」（一〇・二八）。

モーセも負けてはいません。「分かりました。私も二度とあなたの顔を見ようとは思いません」（一〇・二九）。ただし、実際にはこの後もう一度ファラオはモーセを呼び出すことになります（一二・三一参照）。

ファラオの心をかたくなにする

「主がファラオの心をかたくなにした」（一〇・二七）という言葉は、実は、これまでにも何度も出てきましたが（四・二一、九・一二、一〇・二〇）、多くの人は少なからず、とまどいを覚えるのではないでしょうか。神様がファラオの意志を完全にコントロールして、しかもかたくななな方向へ仕向けているのだとすれば、ファラオは全く救われる余地がないではないか、という気がするからです。ファラオには自由意志がないようにさえ思えます。

このことは、神学的にも難しいデリケートな問題です。昔から自由意志論であるとか、神の予定説という議論において取り上げられてきました。ただし私はあまり観念的に考えすぎないほうがよいだろうと思います。ある注解者は、「『私はファラオの心をかたくなにする』という表現は、『ファラオは言うことを聞かないであろう』と密接に類似している」と述べていました。（チャイルズ『出エジプト記　上』二九一頁）。

ファラオにも悔い改める余地はあったはずです。しかし権力をもち、財力をもった人間が、神様の前にすべてを投げ出して悔い改めるということが、いかに難しいかを思わせられます。神様は、このイスラエルの民のエジプト脱出という大事業を成功させるために、あえてそのような人間の性格を用いられた、ということもできようかと思います。

もともと対等な人間の勝負ではありません。奴隷たちのほうは武器も何も持っていません。圧倒的に支配者のほうが強いのです。しかも支配者は彼らを解放する気など毛頭ありません。そこへ神がかかわられて、奴隷たちの解放が実現される。そのために、神様はさまざまな方法を用いて、道を整えられたのでした。ファラオのかたくなさも、最後に最もよい形でエジプトを去らせるために一役買っていると言えるでしょう。

エジプト人の好意を得させる

一一章の最初の部分では、そうした神様の計画が別の面から語られます。ここでは、ファラオの心とは反対に、エジプトの人々の心を柔らかにすることによって、出エジプトの道備えがなされました。神様はモーセに、「男も女もそれぞれ、その隣人から銀や金の飾り物を求めるように民に告げなさい」（一一・二）と言うのですが、このように続きます。「主はエジプト人が民に好意を持つようにした。モーセその人もまた、エジプトの地でファラオの家臣や民から厚い尊敬を受けた」（一一・三）。

神様は、一方でファラオの心をかたくなにさせながら、もう一方では、ファラオの家臣たちや他の一般のエジプト人の心を開かせられた。それどころか、モーセはだんだんとエジプト人からも尊敬されるようになっていったというのです。

奴隷たちは、ほとんど何も持っていません。これから荒れ野を旅するのにいろいろなものが必要になります。それを得ることができるように、主が配慮されたのです。

ここでは、それが友好的に、自発的になされるということですが、必ずしもそうならないこともあったでしょう。実は、この話はモーセが最初に召命を受けた三章のところで、すでに出てきていました。

「私は、エジプト人がこの民に好意を持つようにする。あなたがたは出て行くとき、何も持たずに出て行ってはならない。女は、その隣人や家の同居人に対して、銀の飾りや金の飾り、外套を求めなさい。それらをあなたの息子、娘に身に着けさせ、エジプトから奪い取りなさい。」（三・二一～二二）

「奪い取りなさい」という激しい言葉は、少し理解に苦しみます。盗みを奨励しているように聞こえるからです。これにもさまざまな議論があります。有力なものは、これは彼らがそれまでエジプトで奴隷としてただで働かされてきたことに対する正当な要求だ、いわば代償だという理解です。これはなかなか説得力のある解釈ではないかと思います。

「ザ・ホワイトハウス」

私は、以前の教会でこの箇所で説教した折に、当時のテレビ番組の話をしました。二〇〇三年の説教ですが、ちょうどその頃、NHKで放映されていた「ザ・ホワイトハウス」というテレビ番組です。アメリカ合衆国の大統領の側近たちの物語です。アメリカ合衆国の大統領を描くということで、最初は何となくうさん臭いものを感じていたのですが、なかなか質の高い番組でした。

第一八話「昼食前に」(原題はSix Meetings Before Lunch)という話の中に、興味深い会話がありました。ジョシュという大統領補佐官と、ホワイトハウスが指名したブレッケンリッジという司法次官補との会話です。ブレッケンリッジはアフリカ系アメリカ人(黒人)です。彼は奴隷の子孫として、奴隷制への賠償を支持する態度を公に表明するのです。しかし、アメリカ政府としてはホワイトハウスの指名した人間に、奴隷制への賠償を支持されると困るので、大統領はあわてて、ジョシュにその対応を委ねたのでした。そのジョシュとブレッケンリッジとの会話で、ブレッケンリッジは「アフリカ系アメリカ人は、奴隷としてアメリカ大陸に連れて来られ、ただで働かされた。その労働賃金を、今日のお金で試算すると、最も少なく見積もっても、一兆六〇〇〇億ドル（一九〇兆円）になる。それは何らかの形で償われなければならない」と言うのです。そしてその具体的方法として、「国家が、奴隷制の犠牲となった人々の子孫、つまり黒人たちの教育に、その一兆六〇〇〇億ドルを使う」ことを真顔で提案するのです。ジョシュは、その巨額の提案にびっくりするのですが、私はそれを見ながら、アメリカの奴隷制は、それだけの額にのぼるほどの労働力を無償で強いたのだと、改めて思わせられました。これはとても非人間的なことです。

私は、この賠償金の話は、今回の出エジプトの話と似ていると思いました。出エジプト記の話では、神様のほうから奴隷たちに向かって、「あなたたちはそれだけのものを、堂々とこの国から持って出る権利があるのだ」と言われたのでしょう。

暗闇に輝く光

さて暗闇の災いには、どういう意味があるのかということをもう少し考えてみたいと思います。光とは、創世記によれば、神様が天地の次に造られた創造物でありました。光が造られる以前、世界は混沌として、闇が世界を覆っていました。ですから光が取り去られるのは、この世界がそうした混沌の状態に戻ってしまうことを象徴しているように思います。

しかしイスラエルの人々のところには、つまり神が共にいることを約束されたところには、光が絶えることがなかった。そこはいつも明るく照らし続けられたというのです。私は、この話を読みながら、ヨハネ福音書の冒頭を思い起こしました。有名な「初めに言があった」で始まって、しばらく読みますと、こういう言葉が出てきます。

「言の内に成ったものは、命であった。この命は人の光であった。光は闇の中で輝いている。闇は光に勝たなかった」（ヨハネ一・四～五）。そしてこう続きます。「まことの光があった。その光は世に来て、すべての人を照らすのである」（ヨハネ一・九）。この「言」「命」「光」とは、他ならないイエス・キリストを指しています。

私たちは今、コロナ禍にあって、ある意味で暗闇のような時を過ごしています。集まっての礼拝は休止の状態が続いています。いつこの暗闇のトンネルから抜け出せるのか。菅首相は、八月二六日の会見で、緊急事態宣言に新たに八道県を追加することを報告しながら、「明かりははっきり見え始めている」と述べていました。その希望的観測が当たっているかどうかは別として、逆に言えば、今は暗闇の中にあるということを示しています。

またそれ以外の世界の状況においても、暗いニュースが毎日報道されています。ミャンマーの問題に加えて、アフガニスタン情勢も一気に緊迫したものとなってきました。出口が見えない。暗闇が立ち込める中、何をなすべきか、ということが問われている大事な時であろうかと思います。それこそ暗闇が迫って来て、「誰もが手探りで闇を感じる」ようになってきているとも言えるでしょう。

そうした中で、この世界にまことの光であるお方が来られたということを、信仰をもって受け止めること、知ることは、この時代を歩み抜くのに、最も大事なことではないかと思います。そのお方がおられるところには光がある。そしてその光は闇に勝つのです。「光は闇の中で輝いている。闇は光に勝たなかった」というヨハネ福音書の言葉のとおりです。

光のうちを歩め

イエス・キリストが十字架におかかりになった時、昼の一二時であったにもかかわらず、全地が真っ暗になった、太陽は光を失った、と聖書は語ります（ルカ二三・四四）。このことは、イエス・キリストが光であることを、逆に示していると思います。キリストなき世界は、暗闇なのです。反対にイエス・キリストが誕生された最初のクリスマスの夜には、「主の天使が現れ、主の栄光が周りを照らした」と記されています（ルカ二・九）。夜であるにもかかわらず、昼のように輝いたのです。イエス・キリストが共におられるということは、光がすぐそばにあるということです。

ヨハネ福音書は、こう語ります。

「光は、今しばらく、あなたがたの間にある。闇に捕らえられることがないように、光のあるうちに歩きなさい。闇の中を歩く者は、自分がどこへ行くのか分からない。光の子となるために、光のあるうちに、光を信じなさい。」

（ヨハネ一二・三五～三六）

このイエス・キリストという光をいただいて、闇に捕らえられることのないように、光のもとを歩んでいきましょう。

（二〇二一年八月二九日）

15 過越

出エジプト記一二章一～二八節
ルカによる福音書二二章一四～二〇節

過越祭と教会暦

出エジプト記の「主の過越」の記事を読むことは、クリスチャンにとって意義深いことです。なぜなら、イエス・キリストは、十字架にかけられる前夜、弟子たちを集められて最後の食事をされましたが、それは過越の食事をするためであり、その過越の食事は、その翌日に起ころうとしている出来事を象徴するものであったからです。

「この月はあなたがたの第一の月であり、一年の最初の月である。」（一二・二）

かつては秋が一年の始まりであったそうですが、後にメソポタミアの暦にならって春が一年の始まりになりました。

ちなみにクリスマスが一二月二五日ということには聖書的根拠はありませんが、イースターの日程には聖書的根拠があります。だから年によって変動するのです。昔は太陰暦であったからです。その聖書的根拠というのが、本日の聖書箇所なのです。ちょうど「過越祭」の日に、イエス・キリストが十字架にかけられたからです。イエス・キリストの受難と復活という出来事は、時期的にも内容的にもこの過越の出来事と深い関連があるのです。

過越の儀式

主の言葉は次のように続きます。

「イスラエルの全会衆に告げなさい。『この月の十日に、父祖の家ごとに、すなわち家族ごとにそれぞれ自分たちのために小羊一匹を用意しなさい。』」　（一二・三）

太陰暦ですので、満月の日は一四日の夜から一五日未明と決まっています。一〇日というのは満月の四日前ということになります。

「もし、家族が小さくて小羊一匹に見合わないなら、隣の家族と共に、人数に合わせて、それぞれ食べる量に見合う小羊を選びなさい。あなたがたの小羊は欠陥のない一歳の雄の小羊でなければならず、羊か山羊の中から一匹を選ばなければならない。」（一二・四～五）

ここで「小羊」と書きながら、「羊か山羊の中から」というのは矛盾するように思えますが、最初の「小羊」というのは、羊と山羊の総称であったようです。別の訳では「小動物」となっていました（鈴木佳秀氏の注解書の訳）。

また興味深いことに、人数、つまり食べる量によって、逆にどの小羊が最もふさわしいかが選ばれました。一番小さい小羊でも大きすぎる場合には、隣の家族と一緒にしなさい、と言われました。このことは、一〇節の「それを翌朝まで残してはならない。朝まで残ったものは、火で焼き尽くさなければならない」という言葉とも関係しますが、決して無駄にしないようにという配慮が見られます。

六～九節を見ると、準備の段階から、この儀式が共同体全体の目の前でなされるべきであることが確認されます（六節）。種なしパンというのはイースト菌の入っていないパンです。新共同訳聖書では、「酵母を入れないパン」と訳されていました。「水で煮て食べてはならない」というのは、恐らく血が残るからでしょう。血は食べてはならなかったのです。随分、細かい規定がなされています。

さらに「それを食べるときは、腰に帯を締め、足にサンダルを履き、手に杖を持って、急いで食べなさい」（一二・一一）と言われます。つまりすぐにでも出発できる格好をして食べなさい、ということです。

そして「その夜、私はエジプトの地を行き巡り、人から家畜に至るまで、エジプトの地のすべての初子を打ち、また、エジプトのすべての神々に裁きを行う。私は主である」（一二・一二）と言われました。この「主」というのは、もともとは「ヤハウェ」という神様の名前が記されています。エジプトの神様とは違う、という含みです（六一頁参照）。

「あなたがたがいる家の血は、あなたがたのしるしとなる。私はその血を見て、あなたがたのいる所を過ぎ越す。こうして、エジプトの地を私が打つとき、滅ぼす者の災いはあなたがたには及ばない。」（一二・一三）

そのようにして、家の玄関に小羊の血を塗ったのです。

子々孫々に至るまで

さて一三節までは、出エジプトに備えて何をすべきかということが記されているのですが、一四節以下には、この最初の出来事を覚えて、後々までこれを主の祭りとして記念しなさい、と記されます。その後には祭りの祝い方の具体的方法が述べられています。また二一節以下では、今度はモーセからイスラエルの長老たちに対して、それがどのようになされるべきかが語られます。ただしここでは過越のことだけが述べられて、種なしパンの話は出てきません。これらは恐らく別の資料に基づいていると言われます（一〜二〇節は祭司資料。二一〜二七節はヤハウェスト資料）。

最初の部分、二二節以下では、血の塗り方が記されています。一束のヒソプ（葦の一種）を取って、それを平鉢に入れた血に浸す。そしてそのヒソプで、玄関の二本の柱とそれをつなぐ鴨居に血を塗る。そうすると、主がエジプト人を打つために来られた時に、それを目印として、災いを避けるというのです。そして、このことはその日に限らず、それから後ずっと毎年毎年、覚え続けよ、と命じられました。

最初の信仰問答

やがて出エジプトが実現します。四〇年を経て約束の地に入り、神様はイスラエルの民に、「だんだんと生活も安定した後にこそ、この最初の出来事を忘れてはならない。だからこのことを伝えなさい」と言うのです。最後にこう記されます。

「あなたがたは、自分とその子孫のための掟として、このことをとこしえに守らなければならない。主が語られたとおり、あなたがたに与えられる地に入ったとき、この儀式を守らなければならない。子どもたちが、『この儀式の意味は何ですか』と尋ねるときは、こう言いなさい。『それは主の過越のいけにえである。主がエジプトの地で、エジプト人を打たれたとき、イスラエルの人々の家を過ぎ越され、私たちの家を救われた。』」

（一二・二四〜二七）

これはとても興味深いやり取りです。キリスト教会では、信仰問答というものを大切にします。問答形式で信仰の内容を伝えていくのです。有名なものとしては『ハイデルベルク信仰問答』があります。私たちが洗礼準備会で用いている『日本基督教団信仰問答』というものもあります。問いを設定して、それに答えが予《あらかじ》め置かれている。カテキズムとも呼ばれます。ここに記されているのは、最初のカテキズム、最初の信仰問答と言ってもよいものです。

その共同体の中で、言葉が話せる最年少の子どもに、「この儀式の意味は何ですか」と問わせ、それに対して、共同体の長老格の人が答えるのです。「それは主の過越のいけにえである。主がエジプトの地で、エジプト人を打たれたとき、イスラエルの人々の家を過ぎ越され、私たちの家を救われた」。そういう信仰問答をするのです。毎年毎年、原点に帰って神様の恵みを思い起こし、自分たちの信仰を確認する。言葉だけだとどうしても記憶が薄れてくるので、動作を伴い、ものを使って、それを儀式として守り続けたのです。

この出エジプトの出来事は紀元前一三〇〇年頃の出来事です。それをイスラエルの民は、ずっと守り続けてきた。イエス・キリストの時代にも、それをきちんとやっていた。ですからイエス・キリストがなさった過越の祝いは、そこから数えるともう一三〇〇回目くらいになっていたわけです。

すべての感覚をもって

私たちプロテスタント教会では、神様の恵みを受ける時に説教を聞くことが中心になります。聴覚中心です。しかし私たちはそれ以外にも五感をもっています。聴覚、視覚、嗅覚、味覚、触覚、この五つです。カトリックの信仰では、聖画や彫刻など視覚に訴える部分が随分あります。またギリシャ正教の教会では、嗅覚も大事な感覚になっています。ミサの途中で振り香炉が出てきて、その香りが神の臨在を象徴しているのです。旧約聖書に記されている「焼き尽くすいけにえ」（民数記二八・六など）などというのは、やはり香りを伴っているものでした。それらをプロテスタント教会では、聴覚に絞り込んできたという感じがいたします。もちろんそれには、それまでの教会、あるいはその当時の教会に対する批判がありましたし、パウロも「信仰は聞くことから、聞くことはキリストの言葉によって起こるのです」（ローマ一〇・一七）と言っています。しかし私は、そこで何か大事なものを受け損ねているのではないかという気がします。もっともそういうプロテスタント教会でも、味覚というのは、大事な感覚です。聖餐式というのは、舌でもって主の恵みを味わう。それを残しているわけです。

この「主の過越」の儀式は、食事を伴っていました。みんなの前で火を使っていけにえを焼いたわけですから香りもあったことでしょう。そして信仰問答を寸劇のようにやった。ありとあらゆる感覚を用いて、最初の出来事を子々孫々に伝えたのです。

阿佐ヶ谷教会の記念祈祷会

この出来事を読む時に、信仰の原体験を伝えることの大切さを思わされます。私は神学校を卒業してすぐに、一九八六年に東京の阿佐ヶ谷教会に赴任しました。鹿児島加治屋町教会と同じ、メソジストの伝統をもつ教会です。阿佐ヶ谷教会では、毎年一月二四日前後の水曜日に記念祈祷会という特別な祈祷会を行っていました。それは阿佐ヶ谷教会の信仰の出発点が祈りであったことを思い起こすためであります。

阿佐ヶ谷教会は日本メソジスト教会の第二代監督であった平岩愃保《ひらいわよしやす》牧師が監督退任後のご自宅で開いておられた家庭集会から始まりました。一九二四年の創立です。それから九年後、一九三三年に平岩先生が亡くなられた時、「もうこれで解散すべきだ」という意見もありましたが、日曜学校の校長であった佐々木高明さんと日曜学校の教師をしていた青年たちは、「大人はそれで自分の教会を探せるかもしれないが、子どもたちはそういうわけにはいかない。子どもたちのためにも教会は存続させるべきだ」と強く訴えたそうです。ところがその佐々木校長も、平岩先生召天のわずか半年後、一九三四年一月一六日に急性肺炎のために亡くなられてしまいます。青年たちは、平岩先生亡き後、礼拝説教をしてくださっていた青山学院大学の松本卓夫先生を訪ね、「平岩先生亡き後、途絶えてしまっている祈祷会を再開してください」とお願いしました。松本卓夫先生も「それはよいことだ」と賛成してくださって、早速次の水曜日（一月二四日）の夜、小さな石油ストーブを囲んで、松本卓夫先生夫妻と三人の青年たちで「しずけき祈りのときはいとたのし」（『讃美歌二一』四九五番）と歌い、祈り合ったそうです。『阿佐ヶ谷教会五十年史』には、「戸外は一番寒い時で、祈った会堂も寒かったにもかかわらず、一同の心は何とも暖かく燃え、久しぶりに晴れ々しい気持になったのであった」（二八頁）と記されています。

小さな群れは、祈りの集いから少しずつ信仰の力を取り戻していきました。そして半年後に、若い大村勇牧師を迎えて成長していくことになります。

阿佐ヶ谷教会では、「あの時の祈祷会がなければ、今日の阿佐ヶ谷教会はなかった」ということで、毎年、当時の様子を語り伝えながら、記念祈祷会を守っているのです。私の在任中は、いつも加藤信子さんという方が「このあたりに小さなストーブがあってね」と昨日の出来事であるかのごとく、リアルにお話しくださいました。それを聞く私たちも、あたかもその場にいるかのように、心が熱く燃やされ、一つにされる経験をしました。

加藤信子さんは二〇一三年に一〇四歳で天に召されましたが、その後も、記念祈祷会は毎年行われているそうです。直接の生き証人がいなくなった後も、それを教会が受けた恵みの原体験として語り継いでいくのです。

主の過越から聖餐式へ

私は、この過越というのも、そういう経験であっただろうと思います。イスラエルの民の信仰の原点、それは一世代で伝えるには当然限界があります。ところがそれを「この儀式の意味は何ですか」と子どもが尋ね、大人がそれに答えることによって、世代を越えて伝えてきました。そして現代でもユダヤ人たちは、これを毎年守っている。イエス・キリストまでの一三〇〇年に、それ以降の二〇〇〇年を加えると、三三〇〇年もそれを繰り返しながら伝えているのです。そういうユダヤ教の伝統は、本当にすごいなあと思います。

キリスト教会では、イエス・キリストがそれをなさることによって、過越に新しい意味が付与されました。その食事の席を設けられたイエス・キリストご自身こそが、神の小羊、永遠にしてまことの、そして唯一の犠牲の供え物であり、このイエス・キリストによって、神は私たちから災いを、過ぎ越してくださると信じるのです。それがキリスト教の信仰です。そしてその恵みを覚えて、主の過越の伝統に立ちつつ、新たな儀式、聖餐式を行い続けてきました。私たちは、そこでパンとぶどう酒（ジュース）を受けることによって、あたかもあの最後の晩餐に連なっていたかのごとく、恵みを新たに思い起こすことが許されているのです。

（二〇二一年九月二六日）

出エジプト記11:4－10、12:29－51

16　脱出

出エジプト記一一章四～一〇節、
一二章二九～五一節
ヨハネによる福音書三章一六～一七節

鹿児島加治屋町教会では、四月二五日から先週（一〇月一七日）まで約半年間、主日礼拝を動画配信のみとしたり、密を避けるために二回に分けて行ったりしてきましたが、本日から集まる形での一回の礼拝に戻します。こうして一堂に会するのはうれしいことです。まだまだ元通りというわけにはいきませんが、早くコロナ禍から「脱出」して、少しずつ日常を取り戻して行くことができれば、と願っています。

最後の災い、初子の災い

さて一一章には、神様がイスラエルの民を解放するために下された十の災いの最後のものが記されています。聖書協会共同訳では「初子の災い」と題されています。

九つ目の「暗闇の災い」の後、ファラオとモーセの交渉は決裂するのですが、一一章に入ってもモーセはまだファラオの前で話を続けていることがわかります。災いの予告をするのです。

ファラオはどこまでもかたくなでしたが、一般のエジプト人、そしてファラオの家臣たちはそうでもありませんでした。一一章三節では、主はエジプト人がイスラエルの民に好意をもつようにされたことが記されています。そのおかげでエジプトを出発するイスラエルの民は「銀や金の飾り物」を受け取ることができるようになるのです。

さらに一一章八節では、「あなたの家臣すらも皆、私のところに下って来て、『あなたもあなたに従う民も皆出て行ってください』と私にひれ伏して言うであろう。その後私は出て行く」と予告されています。ファラオだけが孤立していくようです。

実はエジプト人たちもファラオに喜んで従っていたわけではなかったようです。ファラオの圧政のもとで不満をもち、苦しんでいたのであろうという様子がうかがえます。

一一章の終わりには、十の災いのまとめとして、このように記されています。

「モーセとアロンはこれらの奇跡をすべてファラオの前で行ったが、主がファラオ

の心をかたくなにしたので、ファラオはイスラエルの人々をその地から去らせなかった。」（一一・一〇）

初子の死

一二章二九～三六節のところには「初子の死」という題が付けられています。これは、一一章の「初子の災い」の予告の実現として、対になっているのです。

「深夜になり、主はエジプトの地のすべての初子を打たれた。王座に着くファラオの初子から、地下牢にいる捕虜の初子まで、さらに家畜の初子もすべて打たれたので、ファラオもその家臣もすべてのエジプト人は夜中に起き上がった。死人のない家はなかったので、悲痛な叫びがエジプトで上がった。」（一二・二九～三〇）

ファラオは、ばったの災いの時には、「行くならば、男たちだけで行け。家族や家畜は置いて行け」と言いました（一〇・一一）。暗闇の災いの時には「女も子どもも連れて行ってよいが、家畜は置いて行け」と言いました（一〇・二四）。しかしここへ来てついに、「全部連れて行け。とにかく一刻も早く出て行け」と言わんばかりです（一二・三二）。

他のエジプト人も、彼らをせき立てて、急いで彼らを国から追い出そうとしました。イスラエルの人々が求めるものは、金銀でも装飾品でもなんでも、欲するまま与えました。そうしないと自分たちがみんな死んでしまうと思ったのです。そこにはイスラエルの人々に対する神様の配慮がありました。彼らが最もよい条件で出て行くことができるように、一方でファラオの心をかたくなにしながら、もう一方でエジプト人の好意を得させるようにされたのでした。そこでイスラエルの人々は、パン種の入っていないパンの生地をこね鉢に入れたまま外套にくるみ、肩に担いで、大急ぎで出て行くことになります。

「イスラエルの人々がエジプトに滞在していた期間は四百三十年であった。四百三十年が終わる、ちょうどその日に、主の全集団はエジプトの地を離れた。」

（一二・四〇〜四一）

かつて神様はアブラハムの夢の中に現れて、このように告げられていました。

「あなたはこのことをよく覚えておきなさい。あなたの子孫は、異国の地で寄留者となり、四百年の間、奴隷として仕え、苦しめられる。しかし、あなたの子孫を奴隷にするその国民を、私は裁く。その後、彼らは多くの財産を携えてそこから出て来る。」

（創世記一五・一三～一四）

アブラハムに告げられたその言葉が、今ここに実現したのです。

殺戮《さつりく》の話

この一二章を読んで、神様がエジプト人の初子を殺していくという話に、戸惑いを覚える方も多いのではないでしょうか。いくらなんでも赤ちゃんまで殺すのはひどいという気がします。しかもこの段階では、エジプト人もイスラエルの奴隷たちに好意をもち始めているのです。

聖書にはどうしてこんなにたくさん殺人の話、殺戮の話が出てくるのか。読んでいてうんざりします。聖書自体がこんなに殺人に満ちているから、私たちは今起きている戦争を否定できないのではないか、と思う人もあるかもしれません。もちろんそうした記事から、「聖戦だ」と言って、自分たちの戦争を正当化するのは間違っているでしょう。私自身、「それは無情だ。どうして神様はそんなことをなさったのか。イスラエルの民を解放するためだと言っても、子どもまで殺すというのはあんまりではないか」という気がします。

神様がエジプトの初子を打たれたのが正しいことであったかどうかを、私たち人間の基準でとやかく言うのは避けたいと思います。聖書には、そのように私たちには不可解に思えること、私たちがそこで判断保留にせざるを得ないことがたくさん記されていきます。特にこのところで、エジプトの子どもたちが殺されていくことについては、なぜ神様はそういうことをなさるのか理解が及びません。ただ現実に、為政者の圧政のもとでは確かに起こり得るでしょう。

ある注解者（フレットハイム）は、これと似た事例として、ナチス・ドイツ時代の連合軍による空爆を挙げていました。

ヒトラーの時代に、ドイツ内外でユダヤ人迫害が行われ、またドイツ人自身もその圧政にとても苦しんでいました。そこでアメリカとイギリスの連合軍が空からやって来て空爆をしました。一番すさまじかったのはドレスデンの空爆であったようですが、それは、ちょうどこの初子の災いの時と同じように真夜中に起こりました。そして罪のない多くのドイツの子どもたちが犠牲になりました。

フレットハイムはとても慎重に、ファラオとヒトラーの類似性を語りつつ、決して同じではないということも述べています。爆撃をした連合軍の行為を正当化して、「爆撃を投下するのは神（の意志）だ」というのは、ほとんど神に対する冒瀆だと言っています。広島、長崎の原爆投下にしても、「それは必要なことであった」「神がそう促された」というのは間違った議論であり、否定しなければならないでしょう。ただし「大人のやったことのせいで、罪のない幼い子どもたちが犠牲になっている」ということは事実として存在します。

イエス・キリストの苦難の予型

私は、この大人の罪のせいで罪がないのに身代わりになって死んでいった「エジプトの子どもたち」というのは、はからずもイエス・キリストの予型（プロトタイプ）になっているのではないかと思うのです。死んだエジプトの子どもたちは、何らかの形で、イエス・キリストが他の人の罪の身代わりに死んでいったのを、映し出しているのではないでしょうか。

その人自身の罪ではなく、誰かの罪のせいで、身代わりになって死んでいった人は、ある部分で、主イエスに似た一面を持っています。マーティン・ルーサー・キング牧師は、「私には夢がある」という言葉で有名な演説（一九六三年）の中で、「自ら招かざる不当な苦難は贖罪の力を持っている」と言いました（『マーティン・ルーサー・キング自伝』二七〇頁）。彼はアメリカ大陸における黒人たちの三〇〇年の苦難の歴史と当時の黒人たちの苦しみを思い起こしつつ、そう述べたのですが、深い意味をもった言葉であると思います。

イエス・キリスト、神の小羊

私たちはそこでつまずきつつも、そこにはどういう意味が込められているのか、その後、新約聖書ではどうなっていくのかということに目を向けていきたいと思います。

「エジプトの初子を取られた」ということは、イスラエルの民を解放する決定的な準備となりました。またそこには、前提として「初子は特別なもの、それは神のものである」という考えがあったのでしょう。そのことは次の一三章で述べられます。「あなたの初子のうち、男の子はすべて、贖わなければならない」（一三・一三）。そして本来初子は神のものとして取られるべきであるけれども、小羊でもって代わりに贖いをしてもらったのです。

このことの先にイエス・キリストがおられるということを思います。イエス・キリストこそは、神ご自身の初子であり、独り子でありました。その独り子が、私たちの贖いとしてささげられた。その方は、神ご自身が用意された贖いの供え物、「神の小羊」（ヨハネ一・二九）でありました。この贖いの供え物のゆえに、私たちはそれ以降、その都度、贖いの供え物をする必要はなくなりました。イエス・キリストが一人でそれを代表してくださったのです。それまでは年に一回、祭りの折に贖いの供え物をしていたわけですが、キリスト教の信仰では、「イエス・キリストは神ご自身が備えられた、一回にして永遠に有効な供え物」「神の小羊」というふうに理解するのです。

私は、それまでの歴史の大きな痛みをご存じの神様が「もう今後はそういう道をとらない。この初子で終わりにする」という決断をしてくださったのではないかと思うのです。イエス・キリストの十字架にこういう場面があります。

「すでに昼の十二時ごろであった。全地は暗くなり、三時に及んだ。太陽は光を失っていた。神殿の垂れ幕が真ん中から裂けた。イエスは大声で叫ばれた。『父よ、

私の霊を御手に委ねます。』こう言って息を引き取られた。」（ルカ二三・四四～四六）

この出来事によって、まことの「神の小羊」による贖いは完成しました。私たちは、この方のゆえに贖われて、今歩むことを許されているのです。

雑多な人々も加わった

「いよいよ脱出」という場面を読むと、こういう言葉があります。

「イスラエルの人々はラメセスからスコトに向けて出発した。女と子どもは数に入れず、徒歩の男だけで約六十万人であった。雑多な人々が多数、これに加わった。羊や牛といった家畜もおびただしい数であった。」（一二・三七～三八）

私は、「雑多な人々が多数、これに加わった」という言葉に惹かれました。六〇万人という数字は、もしかすると誇張があったかもしれません。しかし「雑多な人々がこれに加わった」という言葉には、誇張がないと思います。そういうふうに書く必要はないからです。

ファラオの圧政に苦しんでいた人々はイスラエルの子孫だけではなかった。他の外国人をはじめ、多くの人々が同じように苦しんでいたのです。もしかするとエジプト人もいたかもしれない。孤児もいたかもしれない。今回の出来事によって、子どもを失って意気消沈していた人もいたかもしれない。「エジプトを脱出したい」という人たちはみんな、いわばどさくさに紛れるようにして、これに加わりついていった。そしてモーセたちもそれを拒否しなかったのです。私は、これはとても興味深いし、出エジプトの大事な意味を示していると思います。つまり出エジプトは、イスラエル対エジプトという構図の物語ではなく、ファラオの圧政のもとで苦しんでいた人たちが、解放される物語なのです。イスラエルの人たちと一緒に、他の人たちもそこから解放されたというのが、出エジプトという出来事の意味だと思うのです。

四三節以下を見ると、過越祭の掟として、外国人はこれに加わることはできない、と記されています。その意味では確かに排他的ではあります。しかし続きを読むと、割礼を受ければOKだということが記されています（一二・四四、四八、四九）。つまり決心をすれば、神の民に加わることができたのです。その意味で完全に排他的ではありません。扉は開かれていたのです。私は、ここで「雑多な人々もこれに加わった」と述べられていることは、もしかして出エジプトの物語の中で、最も大事なこと、最もすばらしいことのひとつではないかと思うのです。

夜通し見張りをされる方

「その夜、主は、彼らをエジプトの地から導き出すために、夜通し見張りをされた。それでこの夜、すべてのイスラエルの人々は代々にわたり、主のために夜通し見張りをするのである。」（一二・四二）

この方は、出エジプトの後、疲れて眠ってしまわれたというのではありません。詩編一二一編の中に次の言葉があります。

「見よ、イスラエルを守る方は
まどろみもせず、眠ることもない。
主はあなたを守る方。
主はあなたの右にいてあなたを覆う陰。

出エジプト記11:4－10、12:29－51

昼、太陽があなたを打つことはなく
夜、月があなたを打つこともない。」
（詩編一二一・四～六）

神様は、今も夜を徹して、私たちを見守ってくださっています。
主の御心は一体どこにあるのか。このような殺戮の物語を読む時に、それがわからないという思いがします。しかしそうした中にあっても、神様への信頼を失わず、主の御心を尋ね求めていきたい。世界が闇に包まれたように見える状況の中で、主の御心に従う信仰をもち続けたいと思います。

（二〇二一年一〇月二四日）

17 先導

出エジプト記一三章一〜二二節
ヨハネによる福音書八章一二節

出エジプトの記念の儀式

「初子を献げる」と題された一三章一〜一六節は、エジプト脱出について記したまとめの部分です。これまでのことを振り返りながら、これから何をしていかなければならないかが語られます。印象的なのは、神様がイスラエルの民にしてくださったことが繰り返し語られることです。「主は力強い手によって、あなたがたを（私たちを）エジプトから導き出された」ということが四回も述べられ（一三・三、九、一四、一六）、八節、一五節でも別の表現で、そのことが語られます。それを思い起こすことがイスラエルの歴史の原点、原体験となります。感謝して思い起こし、忘れないために、さまざまなことが命じられます。一つは種を入れないパンを食べること（一三・三、六〜七）、もう一つは人も家畜も初子を献げることでした。

「すべての初子を聖別して私に献げなさい。人も家畜も、イスラエルの人々の間で初めに胎を開くすべての初子は私のものである。」（一三・二）

ただし人間の初子の場合は、代わりとして贖いの献げものをします（一三・一三、一五）。さらにそれを、子どもたちに伝えていかなければならないということが命じられます（一三・八、一四）。「どうしてこのようなことをするのか」と子どもたちに尋ねさせて、「それはね、昔々、私たちの先祖がね」と語るようにしたのです。そして絶対に忘れることがないように、こんなことまで命じられています。

「あなたは、この言葉を自分の手に付けてしるしとし、また、額に付けて記念としなさい。それは主の律法があなたの口にあるためであ（る）。」（一三・九）

それは最後の一六節でも繰り返されます。

迂回ルート

さてイスラエルの民は、とうとうエジプトを脱出しました。一二章一七節から新たな部分に入り、舞台はいよいよエジプトの外に移ります。エジプトの王ファラオは、国中の長男や家畜の初子が次々と死んでいくのを目の当たりにして、モーセとモーセの率いるイスラエルの民に対して、疫病神でも追い払うかのように、「このエジプトから出ていけ」と命じました。その背景には神様のイスラエルの民に対する配慮がありました。

ところがイスラエルの民を去らせてしまうと、ファラオの心は再び一変します。「私たちは何ということをしたのだろう。私たちに仕えさせることなく、イスラエルを去らせてしまうとは」（一四・五）と嘆くようになるのです。そして軍隊をもって追いかけて行ったのです。

一方、イスラエルの民は、まだそんなことを考える余裕はなかったかもしれません。エジプトを出ることができた喜びに満たされていたことでしょう。しかし神様はすでにすべてをご承知です。

「ファラオが民を去らせたとき、神は彼らをペリシテ人の住む道に導かれなかった。実際それは近道であったが、民が戦いを目前にして後悔し、エジプトへ戻るかもしれない、と神は考えたからである。そこで神は葦の海に通じる荒れ野の道へと民を向かわせたので、イスラエルの人々は隊列を整えてエジプトの地から上った。」

（一三・一七～一八）

聖書協会共同訳巻末の地図では、「二　エジプトとシナイ」に、出エジプトのルートが記されています。左上のほう（北西）に、ゴシェンという地域と、クエスチョンマークが付いていますが、ラメセスという王の名前を冠した町があります。ここから出発したのです。そしてカナン方面へ向かうのに、ぐるっと南のほうを迂回していることがわかります。近道の直線コースの道がなかったわけではありません。スコト（一三・二〇）という町からほぼまっすぐ東に向かう主要通商路、「ペリシテ人の住む道」がありました。しかしそこを通らずにわざわざ荒れ野に導かれたのです。

神は先の先まで読んでおられる

神様は、時々こういうことをなさいます。これから起こるであろうことを先の先まで読んで、迂回させられるのです。この場合で言えば、一つ先ではなく、先の先まで読んでおられる。一つ先ということであれば、「神はエジプトの軍隊が追いかけてくるのを知っておられたので、追いかけて来そうな近道を避けて、目立たない荒れ野に迂回させられた」ということになるでしょう。

しかしそうではなく、イスラエルの民がもう後戻りする気にならないように、荒れ野の道に誘導されたというのです。エジプトの軍隊が追いかけてきた段階では、彼らはまだ神様の御心がわかりません。「なぜ神はこんなひどいことをされるのか。私たちをこの荒れ野でエジプト人の手で殺させたかったのか」と思ったのではないでしょうか。実際、この後、「荒れ野で死ぬよりはエジプト人に仕えるほうがましです」（一四・一二）と不満を述べるようになります。もしも「ペリシテ人の住む道」を進んでいたら、来た道に沿って、一人二人、いや家族単位で引き返した人たちもあったかもしれません。

しかしここは荒れ野です。もう引き返せないのです。隊列を整えていかないと前にも後ろにも行くことはできません。神様はそのようにしてエジプトへの退路を断たれたのでした。彼らには前進するしかありませんでした。神様の御心は、このもう一つ先まで行って、はじめて明らかになるのです。それは神が道を拓《ひら》き、エジプトの軍隊の追っ手を絶たれる時でありました。その出来事のために、わざわざ迂回路を通らせたのです。

御心がわからない時にも

私たちの人生にも時々そういうことがあるのではないでしょうか。喜びの頂点からどん底に突き落とされるようなことは、あるものです。せっかく希望していた学校に入ったのに、大きな病気にかかって学校に行けなくなってしまった。せっかく願っていた大企業に入り、もう安泰だと思っていたのに、急に倒産してしまった。あるいは自分自身がリストラの対象になってしまった。順調にいっていた商売が、コロナ禍で急にうまくいかなくなってしまった。縁談が急に破談になってしまった。家族の大黒柱が、急に亡くなってしまった。家族が途方に暮れてしまう。そういうことは、時々起きるのです。しかももう引き返すにも道がありません。

私たちもこの時のイスラエルの民と同じような経験をします。喜び勇み、神様に感謝をしたとたんに、急にどんでん返しのように窮地に追い込まれる。神様の御心がわからない。もう一つ先までいかないとわからないのです。もしかすると二つ先まで、あるいはずっと先までいかないと、神様の御心がわからないこともあるでしょう。しかしそういう中にあっても、神様は必ず逃れの道を用意してくださっています。使徒パウロはこう言いました。

「神は真実な方です。あなたがたを耐えられないような試練に遭わせることはなさらず、試練と共に、それに耐えられるよう、逃れる道をも備えてくださいます。」

（コリント一 一〇・一三）

神様はその試練によって、私たちが神様から離れてしまうのではなく、むしろそこで信仰を確認し、神様へと立ち帰っていくのを求めておられるのです。

聖書はスケールが大きい

「モーセはヨセフの骨を携えていた。ヨセフが、『神は必ずあなたがたを顧みられる。

その時、私の骨をここから携えて上らなければならない』と言って、イスラエルの人々に固く誓わせたからである。」（一三・一九）

これも気の遠くなるような長い年月の話です。イスラエルの人々が、エジプトに住んでいた期間は、一二章四〇節によれば四三〇年ということですから、ヨセフが頼んだのは、実に四三〇年も前になります。ヨセフはこう語っていました。「私は間もなく死にます。しかし神は必ずあなたがたを顧み、この地からアブラハム、イサク、ヤコブに誓われた土地に導き上ってくださいます」「神は必ずあなたがたを顧みてくださいます。その時には、私の骨をここから携えて上ってください」（創世記五〇・二四～二五参照）。

それが今、ここに実現しようとしている。聖書は何とスケールの大きな話、長い年月の話をするのでしょう。

私たちは、本当に目先のことしか念頭にありません。せいぜい数十年先くらいのことしか視野にありません。しかし聖書は世代を超えた話、それも何世代も何世代も超えた話をするのです。

確かなナビゲーター

「主は彼らの先を歩まれ、昼も夜も歩めるよう、昼は雲の柱によって彼らを導き、夜は火の柱によって彼らを照らされた。昼は雲の柱、夜は火の柱が民の前を離れることはなかった。」（一三・二一～二二）

この「雲の柱、火の柱」というのは、エジプト脱出をしたイスラエルの民に対する神の臨在と導きのしるしでありました。この後も何回も出てきます。

「イスラエルの陣営の前を進んでいた神の使いは移動し、彼らの後ろから進んだ。それで、雲の柱は彼らの前から移動して、彼らの後ろに立ち、エジプトの軍とイスラエルの軍の間に入った。雲と闇があって夜を照らしたので、一晩中、両軍が接近することはなかった。」（一四・一九～二〇）

この雲の柱は、ただ前を進むだけではなく、時に後ろへ回り、イスラエルの人々とエ

ジプトの軍の間へ入り込み、イスラエルの人々を守る役割を果たしました。このように
も記されます。

「朝の見張りのとき、主はエジプト軍を火と雲の柱から見下ろされ、エジプト軍を
かき乱された。」（一四・二四）

神様ご自身が、その雲の柱、火の柱の間から顔をのぞかせて、見守られるのです。こ
のエジプト軍との戦いにおいてだけではありません。その後の長い旅路においても、ず
っと道しるべとなったのです。

現在はカーナビという便利なものがありますが、この雲の柱、火の柱はカーナビ以上
のナビゲーターです。ただ単にどちらに行くべきかだけではなく、出発するべきか泊ま
るべきかも教えてくれました。カーナビではそういうわけにはいきません。出エジプト
記の最後には、こう記されています。

「会見の幕屋を雲が覆い、主の栄光が幕屋に満ちた。モーセは、会見の幕屋に入る
ことができなかった。その上に雲がとどまり、主の栄光が幕屋に満ちていたからで

ある。イスラエルの人々はいつも、雲が幕屋の上から離れて昇ると、旅立ち、雲が昇らないと、昇る日まで旅立たなかった。旅路にある間、昼は主の雲が幕屋の上にあり、夜は雲の中に火があるのを、イスラエルの家は皆、目にしていたからである。」

（四〇・三四〜三八）

ここでは「柱」とは書いてありませんが、「雲」が、そして夜はその雲の間から「火」が導いてくれたというのです。

キリストは神の臨在のしるし

「会見の幕屋」は、新共同訳聖書では「臨在の幕屋」と訳されていました。「臨在」とは「共におられる」という意味です。この雲の柱、火の柱は、目に見える神様の臨在のしるしでありました。「目に見える神様の臨在のしるし」というのは、新約聖書においてイエス・キリストという形でより明らかになります。イエス・キリストがお生まれになる時に、天使がマリアの夫ヨセフに現れて、「その名はインマヌエルと呼ばれる」と告げましたが、このインマヌエルこそ、「神は私たちと共におられる」ということに他なりませんでした（マタイ一・二三）。神様は、イエス・キリストによって、その臨在をはっきりと目に見える形でお示しくださったのでした。またイエス・キリストはこうも語られました。

「私は世の光である。私に従う者は闇の中を歩まず、命の光を持つ。」

（ヨハネ八・一二）

この言葉が語られたのは、出エジプトを記念する仮庵祭の時でありました。仮庵祭《かりいおさい》の初日には、エルサレム神殿の中庭の「女性の庭」と呼ばれるところに、四つのたいまつを置いて火を灯したそうです。そこで火が焚かれると、エルサレム中が照らされました。エルサレム神殿は標高八〇〇メートルの高台にありましたので、エルサレムの遠いところからでもその火を見ることができました。この仮庵祭に火を焚くという行事は、出エジプトの「夜は火の柱をもって彼らを照らされた」ということに由来しています。その祭りのその場所で、イエス・キリストは「私は世の光である」と語られたのです。まさに、「神は私たちと共におられる」ということが目に見える形で示されたと言えるでしょう。

さらにマタイ福音書の最後のところでは、こう約束の言葉を述べられました。

「私は世の終わりまで、いつもあなたがたと共にいる。」　（マタイ二八・二〇）

この約束は聖霊によって実現され、今日に至るまで続いています。雲の柱、火の柱として、目に見える形でその臨在をお示しくださった神様は、それをイエス・キリストによってより確かなものとし、さらに聖霊によって、今も私たちと共にいてくださるのです。

（二〇二一年一一月二一日）

18 奇跡

出エジプト記一四章一～三一節
ローマの信徒への手紙六章一～四節

旧約聖書最大の奇跡

今回の物語は、「追いかけてくるエジプト軍に迫られる中、神がイスラエルの民のために、海を二つに開いて道をつくり、そこを通らせ、その後その水を元に戻すことによって、エジプト軍を海に投げ込まれた」という奇跡物語です。この物語は恐らく旧約聖書に記されている中で最大の奇跡として、イスラエルの人々の記憶に留まり、彼らを支え続けました。

一四章の最初から物語を追ってみましょう。最初の四節までのところには、神がモーセを通じて、海の手前で宿営するように命じられたことが記されています。

五～九節はいわば第二場ですが、エジプトのファラオ側に目を転じます。ファラオは奴隷たちを去らせてしまったことを後悔し、それを追いかける決断をします。ファラオは戦車に馬をつなぎ、自ら軍勢を率い、えり抜きの戦車六百台をはじめ、エジプトの全戦車を動員し、それぞれに補佐官を乗り込ませました（一四・六～七）。そしてエジプト軍は、この海の手前に宿営しているイスラエルの一行に追いつきます。

一〇節のところで、視点が再びエジプト側からイスラエル側に変わります。

「ファラオが近づいて来た。イスラエルの人々が目を上げると、エジプト人が彼らの背後に迫っていた。イスラエルの人々は非常に恐れて主に向かって叫んだ。」

（一四・一〇）

「主に向かって」とありますが、直接的にはモーセに向かって、こう叫ぶのです。

「エジプトに墓がないから、荒れ野で死なせるために私たちを連れ出したのですか。私たちをエジプトから導き出すとは、一体何ということをしてくれたのですか。荒れ野で死ぬよりはエジプト人に仕えるほうがましです。」

（一四・一一～一二）

モーセが語った「神の言葉」

モーセは、民に対してこう言いました。

「恐れてはならない。しっかり立って、今日あなたがたのために行われる主の救いを見なさい。あなたがたは今エジプト人を見ているが、もはやとこしえに見ることはない。主があなたがたのために戦われる。あなたがたは静かにしていなさい。」

（一四・一三～一四）

これはモーセが民に語った言葉ですが、ここに神様の神の民に対する意志が集約されています。少し言葉を拾ってみましょう。

第一は「恐れてはならない」という言葉です。これは、その後も何度も聖書に繰り返し出てくる大切なメッセージです。イザヤ書にはこういう言葉があります。

「恐れるな、私があなたと共にいる。たじろぐな、私があなたの神である。私はあ

なたを奮い立たせ、助け、私の勝利の右手で支える。」（イザヤ四一・一〇）

天使ガブリエルは、マリアに向かって、「マリア、恐れることはない。あなたは神から恵みをいただいた。あなたは身ごもって男の子を産む。その子をイエスと名付けなさい」（ルカ一・三〇〜三一）と告げました。

またイエス・キリストも「あなたがたの髪の毛までも一本残らず数えられている。恐れることはない。あなたがたは、たくさんの雀よりも優れた者である」（ルカ一二・七）と言われました。「恐れてはならない」という言葉が聖書全体に響いているのです。

第二は、「しっかり立（ちなさい）」という言葉です。神様が自分たちを守り、救ってくれると信頼しなければならない、ということです。

第三は、「静かにしていなさい」という言葉です。これは、必ずしも「受け身でいなさい」ということではないでしょう。神様への信頼のもとで、心を騒がせることなく、神様のなさることを静かに待ちなさい、という意味だと思います。

第四は、「主の救いを見なさい」という言葉です。人間が、モーセが大きな奇跡を引き起こすのではなく、神様がそれをなされる。あなたがたはその証人として、それをしっかり見なさいというのです。

第五は、「主があなたがたのために戦われる」ということです。人間が奇跡を引き起こすことはできません。それでも神様が戦われるその恩恵をあなたたちは受ける。これも力強い言葉です。これら一連の言葉には大きなメッセージが含まれているのです。

モーセの微妙な心の揺れ

モーセは神の言葉をそう取り次いだのです。その意味でモーセは広い意味での預言者としての職務をよく果たしています。しかしモーセは、ここで再びジレンマ、板挟みの中に置かれます。一方でイスラエルの民に向かっては、先ほどのような言葉を語りながら、もう一方で神様に向かっては、かのイスラエルの民の言葉に自分自身を重ね合わせて、神に訴えたのでしょう。神様はモーセに向かって「なぜ私に向かって叫ぶのか」（一四・一五）と言われました。

このことは指導者の微妙な心の揺れを示していると思います。モーセは人前では決して弱さを見せません。見せてはならないのです。彼がうろたえると、民全体が動揺してしまいます。ところが、実は当のモーセ自身、弱さを抱え続けているのです。三章での召命の時以来、ずっとそうでありました。モーセは神の言葉を預かり、それを語りながら、自分が語る言葉を信頼しきれないでいる。言葉そのものは、モーセの弱さを超えて真実なのですが、その約束が一体どのようにして実現するのか、語っている者自身が受け止めきれていない。

これは今日の説教者も同じではないかと思います。私などは説教者として「モーセでもそうであったのか」と、ちょっと安心したりいたします。語っている言葉そのものは、説教者の疑いや不信仰を超えていきます。神ご自身がそこで語られるからです。ですから説教者自身が、自分が語っている言葉そのものに慰められ、励まされるということもしばしば起こります。

モーセも自分が語っている言葉そのものが、自分に向かって語られる神の言葉であることを経験したのではないでしょうか。

「恐れてはならない。しっかり立って、今日あなたがたのために行われる主の救いを見なさい。……あなたがたは静かにしていなさい」(一四・一三～一四)。モーセは民に向かってそう語りつつ、彼自身、この言葉に慰めと励ましを受けたことでしょう。

海が二つに開く

神がモーセに言葉を告げられた後、一連の不思議なことが始まりました。最初に、これまでイスラエルの一行の先頭を進んでいた「神の使い」が移動して、彼らの後ろに回りました。そして彼らの前にあった雲の柱も同時に、後ろに回りました。つまり、この雲の柱がエジプト軍の前に立ちはだかり、彼らに足止めをさせ、その間にイスラエルの一行が次の行動に移ることができる猶予を与える働きをしたのです。時間稼ぎをしてくれたのです。

「雲と闇があって夜を照らしたので、一晩中、両軍が接近することはなかった。」
（一四・二〇）

そしていよいよ大いなる出来事が起こります。神の力は、奇跡として、超自然現象として、人々の目の前に現れました。

モーセが海に向かって手を伸ばすと、神様は夜通し強い東風で海を退かせ、海は乾いた地となりました。二つに分かれた水の間を、イスラエルの人々は進んで行きました。不思議なことに、水は右と左で壁のようになり、流れ落ちて来ることはありませんでした（一四・二一～二二参照）。

出エジプトの物語のクライマックスです。有名な一九五六年の映画「十戒」においても、水が二つに分かれるシーンは、最大の特撮シーン、見せ場でありました。現代の映画であれば、CGを用いてもっとリアルに大パノラマで描くことでしょう。

神様は火と雲の柱から、その光景をご覧になっています。そしてエジプト軍をかき乱すのです。さらに戦車の車輪を外して、進みにくくさせてしまいます。エジプト軍は、「もうお手上げだ。撤退しよう」と言うのですが、その瞬間に神様の指示に従ってモーセが手を伸ばすと、水がエジプト軍の上に押し寄せ、あっという間に彼らを呑み込んでしまいました。ファラオの全軍は滅んでしまいました。

この時にファラオ自身がどうなったかは記されていません。この戦いで死んだとは書いてありません。恐らくファラオはここまでは追いかけて来なかったのではないかと思われます。恐れを感じて、部下だけを行かせたのかもしれませんし、逆に、そこまで奴隷を追いかけては王の沽券《こけん》にかかわると思ったのかもしれません。

イスラエルの歴史の原点

この物語は、エジプトの記録には何も出てきません。王ファラオの記録を調べても、この出来事によって死んだファラオというのはいないようです。ですからこれが史実であったかどうかは議論のあるところです。

しかしイスラエルの民にとっては、この奇跡がイスラエルの歴史の原点となっていきました。語り継がれて、それが信仰の基となるのです。

たとえば、イザヤ書四三章一五節以下には、こう記されています。

「私は主、あなたがたの聖なる者
イスラエルの創造者、あなたがたの王である。
主はこう言われる。すなわち海の中に道を
荒れ狂う水の中に通り道を作られ
戦車と馬、大軍と兵を連れ出し

彼らを皆倒して起き上がらせず
灯心の火を消すように消滅させた方。
先にあったことを思い起こすな。
昔のことを考えるな。
見よ、私は新しいことを行う。
今や、それは起ころうとしている。」

（イザヤ四三・一五〜一九）

この言葉は、紀元前六世紀にユダ王国の都がバビロニア軍によって滅ぼされ、主だった人々がバビロンに連れて行かれた後、それから先の歴史を預言して語られた言葉です。そのようにして沈む人々の心を鼓舞してきたのです。

神の可能性が開くところ

さてこの物語のもつ意味について、少し考えてみましょう。この出来事は、先ほど申し上げましたように、文字どおりイスラエル史上最大の奇跡であり、またイスラエルの民の間においても、そのようにして語り伝えられてきました。

海でイスラエルを救った神の奇跡的な働きは、神がその民を神の民として存在させた出来事として記憶され続けることになります。さまざまな伝承があるのですが、そこに共通していることは、「これは偶然起こったのではない、神の介入によって起こったものだ、それ以外ではない」ということです。八方ふさがり、文字どおり四面楚歌の状況において、神ご自身が突破口を開いてくださった。道をつけてくださった。何の希望もなかった時、もはや絶望しかない時に、逃れの道を備えてくださったのは、この神に他ならなかった。そのように神をほめたたえ続けました。

少し別の見方をすれば、神様がその権能を現すために、考えられるありとあらゆる逃げ道を閉ざされた。そして神様ご自身の手で、再びその道を開けられたということになるでしょう。それは神自身が働かれたということが、みんなにわかるために、あえてそうなさったのだということです。もう人間の力ではどうしようもないというところまで行った後、神の可能性が開くことを示されるのです。

死と復活、洗礼を指し示す物語

さて新約聖書ではこの海の奇跡物語はどう理解されているのでしょうか。パウロは、そこにある種の洗礼を見いだしました。洗礼という言葉は、ギリシア語では「バプテスマ」ですが、それは「沈められること」という意味です。パウロはこう語ります。

「私たちの先祖は皆、雲の下におり、皆、海を通り抜け、皆、雲の中、海の中で、モーセにあずかる洗礼を受け（ました）」（コリント一 一〇・一～二）

そしてキリストの洗礼についてはこう述べました。

「キリスト・イエスにあずかる洗礼を受けた私たちは皆、キリストの死にあずかる洗礼を受けたのです。私たちは洗礼によってキリストと共に葬られ、その死にあずかる者となりました。それは、キリストが父の栄光によって死者の中から復活させられたように、私たちも新しい命に生きるためです。」（ローマ六・三～四）

水につかることによって古い自分に死ぬ。そしてその中から新しい命をいただいて生まれ変わる。その恵みの事実を、この出エジプトの海の奇跡の出来事と重ね合わせました。水は裁きを示すものであり、洗礼はその裁きから逃れの道を提供する。そしてこれを私たち一人一人の中で起きる奇跡として受け止めたのです。その場合、敵というのは、私たちの魂を攻略しようとして襲ってくるむさぼりやおごり、怒りなどのすべての罪です。その敵を洗礼の水に溺れさせて、新しい道を開かれたということに他なりません。

過去と現在、古い時代と新しい時代との間に、はっきりとした断絶があるのだということ、そしてそこから新しいものが生まれてくるのだということ、さらに洗礼によって私たちが新しく与えられる命というものは、あの出エジプトの出来事にたとえられるほどに、こちら側からは理解不可能な次元の奇跡なのだ、それはただただ、神の力によってのみ現れてくるのだ、と言おうとしているのです。

一人一人の歩みにおいても、教会の歩みにおいても、私たちは、今なお葦の海（紅海）とその手前の砂漠を生きていると言えるかもしれません。さまざまな試練が私たちを襲ってきます。そこでもう可能性が閉じてしまったかのように思えることもしばしばあります。しかしそこでこそ神の力を信じて、前に向かって進んでいきましょう。

（二〇二二年一月一六日）

19 賛　歌

出エジプト記一五章一〜二一節
マルコによる福音書四章三五〜四一節

旧約聖書中、最古の賛歌

出エジプト記一五章には、一四章の「モーセとその一行がエジプト軍に追いかけられ、追いつめられる中、神様が海を二つに分けて道を拓き、そこを通らせてくださった」という出来事の後、神様を賛美して歌った二つの歌が記されています。一つは一節から一八節までの長い歌であり、もう一つは二一節だけの小さな歌です。二一節のほうは、モーセの姉であったミリアムが歌ったとされています。

「主に向かって歌え。

なんと偉大で、高くあられる方。
主は馬と乗り手を海に投げ込まれた。」（一五・二一）

短いので読み過ごしてしまいがちですが、この歌は大きな意義をもっています。それは第一に、こちらの小さな賛歌のほうが前半の長い賛歌の原型であったとみられることです。このミリアムの歌が後代に徐々に整えられていき、恐らくサムエルの時代に、それからダビデ、ソロモンの時代に大いなる賛歌に仕上げられていったのであろうと言われます。この二一節と一節とを比べてみますとほぼ同じであり、最初の行だけが違っています。二一節では、「主に向かって歌え」となっていますが、一節では「主に向かって私は歌おう」となっています。それに続く言葉、「なんと偉大で、高くあられる方。主は馬と乗り手を海に投げ込まれた」というのは全く同じです。前半の長い歌は、いわばこの歌を主題とする変奏曲のようです。

もう一つ二一節の歌の重要な点は、これが旧約聖書中、最古の賛歌の一つだということです。旧約聖書、特に詩編の中には多くの賛歌が記されていますが、この歌はその基本形を示しています。まず複数の人々に対する賛美の呼びかけで始まり、続けてその根拠であり、同時に賛美の内容である神様の行為が語られるのです。

例えば有名な詩編九八編の冒頭も同じ形式です。

「新しい歌を主に歌え。
まことに主は奇しき業を成し遂げられた。
主の右の手、聖なる腕が救いをもたらした。」

そうした詩編の原型が、すでにこのミリアムの歌の中に記されているのです。

主題と変奏

ミリアムについては、後でもう一度述べることにして、まず前半の長い賛歌を見てみましょう。先ほど「主題と変奏」という言葉を使いましたが、この歌には、神様の威光をたたえる言葉と、その具体的な業が交互に出てきます。それは必ずしも時間的順序を追うような形ではありません。

「ファラオの戦車と軍勢を海に投げ込まれ

えり抜きの補佐官は葦の海に沈んだ。
深淵は彼らを覆い
彼らは石のように深みに落ちていった。」
（一五・四～五）

このように歌い、一旦完結したかのように見えます。しかしそこからまた新たに始まるのです。

「主よ、あなたの右の手は力に輝く。
主よ、あなたの右の手は敵を打ち砕く。
大いなる威光によって敵を破り
怒りを放って、わらのように焼き尽くす。
怒りの風で水はせき止められ
流れは水の壁のように立ち
深淵は海の中で固まる。」
（一五・六～八）

同じ物語がより詳しく、よりリアルに語られ、その後また神様の力をたたえる言葉が繰り返されます。

「主よ、神々のうちで
　誰かあなたのような方がいるでしょうか。
誰が、あなたのように聖であって栄光に輝き
賛美されつつ畏れられ
奇しき業を行うでしょうか。」（一五・一一）

そして再び御業の内容です。

「あなたが右の手を伸ばされると
地は彼らを呑み込んだ。」（一五・一二）

平気で時間を飛び越える

それ以降は、話が将来へと展開していきます。

「あなたは贖われた民を慈しみをもって導き
力をもって聖なる住まいに伴われた。」
（一五・一三）

彼らはまだエジプトを出たばかりです。しかし「聖なる住まいに伴われた」とまで述べている。これは四〇年の荒れ野の旅の後やがて約束の地に入れられたということでしょう。その先を読むと、そのことはよりはっきりします。

「もろもろの民は聞いて震え
苦しみがペリシテの住民を捕らえた。
その時、エドムの首長はおののき
モアブの有力者は震え上がり
カナンの住民らは皆恐れおののいた。」
（一五・一四～一五）

この人々に、彼らはまだ出会っていません。これから約束の地に入るまでに起こることですが、それが過去形で記されている。

「恐れとおののきが彼らに臨み
御腕の力強さによって
　石のように静かになりますように
主よ、あなたの民が通り過ぎるまで
あなたの買い取られたこの民が通り過ぎるまで。」
（一五・一六）

これもこれからの道のりのことです。海の奇跡の直後に、約束の地に入るまでのことが過去形で歌われているのは、考えてみればおかしなことです。先ほど申し上げましたように、これは後に、それもダビデ・ソロモンの時代に仕上げられた歌がここに入れられたためであると、そういう説明をすることができるでしょう。しかし後の時代にこの歌が挿入されたとしても、最終的にこの歌をここに入れた編集者がいるわけですから、その人がこの矛盾に気付かなかったはずはないでしょう。それを承知の上で、ここに入れたと思うのです。

しかし私は、そのことはかえって「聖書らしい」と思いました。聖書というのは、神様の働かれる現実を証しする書物ですが、平気で時間を飛び越えるのです。過去の特定の歴史状況について述べながら、その力がその後も働いたし、今も働いていることを語る。現在と過去を、そして時に将来まで自由に行ったり来たりするのです。それが聖書という書物の一つの特徴です。

説教というのもそういう面があります。過去の物語を紹介しながら、それが決して過去のものではないことを語ります。この過去の物語と同じ力が今、私たちのもとに働いている。神様は今も生きて働いておられる方で、ここに書かれているのと同じことを今、私たちの間でもなされるのだということを確認するのです。

女預言者ミリアム

さて長い賛歌の後、こう記されます。

「アロンの姉である女預言者ミリアムがタンバリンを手に取ると、女たちも皆タンバリンを持ち、踊りながら彼女に続いて出て来た。ミリアムは人々に応えて歌った。」（一五・二〇～二一）

このミリアムは、モーセの実の母親が赤ちゃんモーセをパピルスで作った籠に入れて、ナイルのほとりに置いた時に、ずっと様子をうかがいながら、その後を追っていたお姉さんです。彼女は、エジプトの王の娘がこのモーセを拾い上げた瞬間、すかさず王の娘の前に現れ、「この子に乳を飲ませる乳母をヘブライ人の中から呼んで参りましょうか」(二・七)と申し出、実の母を紹介しました。とても機転の利く少女だったのでしょう。その少女が、ここで女預言者となって登場したのです。

これも非常に興味深い記述です。それは、一つには女の預言者がいたということです。この後も聖書の中には何人か女預言者と呼ばれる人が出てきますが(列王記下二二・一四のフルダ、ネヘミヤ記六・一四のノアドヤ)、時代が下るにつれて預言者というのは男の職務になっていきます。それはイスラエルが(そして世界全体が)父権制社会であったことと関係があるでしょう。しかしこの記述は、古い古い時代には女性で神の民をリードする人がいたという事実を掘り起こし、それに光を当ててくれます。

もう一つ興味深いのは、預言者とはいっても、私たちのよく知っているような預言者、サムエルに始まって、イザヤやエレミヤといったような人たちの場合とちょっと違うということです。必ずしも神様の言葉を人々に取り次ぐといったことをしていません。タンバリンを叩きながら、みんなの先頭に立って踊り、歌をリードしました。こういう形で神と人の間に立つ役割もあるということです。彼女は男の預言者とは違った形で、神と人の間に立ったのでした。

新しいタイプのリーダー

私の前任地、経堂緑岡教会の前任者は、一色義子という女性牧師でした。日本基督教団の書記を務められた方ですが、日本基督教団最初の女性の三役でした。一色牧師には『エバからマリアまで～聖書の歴史を担った女性たち』という著書があります。とてもおもしろいものであり、それでいて優れた研究に基づいた書物です。この本に「ミリアム」を取り上げた章があり、「新しいタイプのリーダー」という題がつけられています。ミリアムにヒントを得ながら、新しいタイプの、女性ならではのリーダーシップについて述べておられます。ミリアムについて考えるのは興味深いことです。その後の時代（父権制の時代）に封じ込められてしまった女預言者の役割、過去のものに光を当てながら、それが同時に将来の何かしらを指し示すことになるのです。先ほど、聖書という書物は、過去に光を当てながら現在と将来を行ったり来たりすると述べましたが、それがまさに、このミリアムにも当てはまります。ミリアムは、終末論的に、私たちの教会や歴史が歩むべき道に光を当ててくれると思いました。

なお、ミリアムという名前は新約聖書でたくさん登場するマリアという名前の由来であることも覚えておきたいことです。

風や湖さえ従う

前半の歌は次のように締めくくられます。

「あなたは彼らを導き、ご自分の山に植えられる。
主よ、そこは、あなたの住まいとして
　自ら造られた所。
主よ、そこは、あなたの手によって
　建てられた聖所。
主は代々とこしえに治められる。」
（一五・一七〜一八）

この言葉は、約束の地にやがて入れられるということをすでに視野に入れていると同時に、歴史のもっとずっと先、ある意味で歴史の終わりに至るまでのことを視野に入れています。

私はこの言葉がいかにして実現するかを、イエス・キリストがこの世界に来られたことの中に重ね合わせてみることができるのではないかと思いました。

マルコによる福音書四章三五節から四一節に記されているのは、ガリラヤ湖で嵐に出遭った弟子たちと主イエスの話です。

弟子たちが舟を漕ぎ出して沖に行くと激しい突風が起こって波をかぶり、舟は水浸しになってしまいます。ところがイエス・キリストは舟の艫《とも》のほうで、そんなことは何も関係ないかのごとくに眠っておられました。弟子たちは主イエスに向かって、「先生、私たちが溺れ死んでも、かまわないのですか」と訴えます。すると主イエスはすっと起き上がって、風を叱り、湖に向かって「黙れ。静まれ」と言われました。すると、風も波も静まってしまったというのです。弟子たちは、「一体この方はどなたなのだろう。風も湖さえも従うではないか」と互いに言い合いました。

私たちはこの出エジプトの物語を通して、神様が風をも海をも自由に支配される方であることを聞き、そしてその権威についての賛美の言葉を聞いてきました。その神様の力、自然をも自由に支配しながら神の民を守り、導かれる力は、イエス・キリストによって受け継がれているのではないでしょうか。イエス・キリストこそは、風や海さえも従える力をもって、私たちを守ってくださるお方なのです。

そのことは私たちが今、どういう状況にあろうとも、その状況を超えて、そのような確かな将来を見据えられるということです。私たち自身は、今なおエジプト軍に追いつめられたイスラエルの人々のように、「もうだめだ。解決がつかない」と思わざるを得ないような状況に置かれるかもしれません。あるいは、この嵐の中の弟子たちのように、「一体どうすればいいのか。もう溺れて死んでしまいそうだ」というような状況に置かれるかもしれません。しかしそれを超えた方が私たちと共におられることを知ることで、その先に将来、未来が拓けていると信じることが許されるのです。主イエスはこう言われました。

「あなたがたには世で苦難がある。しかし、勇気を出しなさい。わたしはすでに世に勝っている。」
（ヨハネ一六・三三）

勝利をのぞみ

敬愛幼稚園では、先月、「勝利をのぞみ」（We Shall Overcome）という賛美歌を月の賛美歌として歌いました。『讃美歌21』の四七一番です。一九六〇年代、アメリカ合衆国ではまだまだ黒人差別の強かった時代に、マーティン・ルーサー・キングを中心とする人々が、公民権運動を展開しました。そのテーマソングのようにして歌われた曲です。厳しい現実を超えて、将来を仰ぎ見、「私たちはやがて、これに打ち勝つのだ」という勝利の歌を歌ったのでした。私たちもイエス・キリストが共にいてくださるのを信じて、神様をほめたたえて、前に進んでいきましょう。

一　勝利をのぞみ　勇んで進もう、
　　大地ふみしめて。
　　ああ、その日を信じて　われらは進もう。

二　恐れをすてて　勇んで進もう、
　　闇に満ちた今日も。
　　ああ、その日を信じて　われらは進もう。

（『讃美歌21』四七一）

（二〇二二年二月一三日）

20 抗　議

出エジプト記一五章二二～二七節
マタイによる福音書七章七～八節

ウクライナ危機の中で

二月二四日にロシア軍のウクライナ侵攻が始まって二週間あまりが経ちました。情勢はとても緊迫しています。事態が悪化していないか、ロシア軍のキエフ（現キーウ）総攻撃が始まっていないか、心配で数時間おきにニュースを見ては、憤りともどかしさを感じています。ウクライナのゼレンスキー大統領の世界の人々に向けたメッセージやウクライナの人々の訴えが胸に突き刺さります。皆さんもそうであろうかと思います。

ウクライナ国内の状況、また近隣諸国へ避難された方々の状況を見ながら、私たちにもできること、ウクライナの人々との連帯の仕方などを考え、実践していきたいと思います。日本基督教団社会委員会でも、三月一〇日からウクライナ救援募金を始めたようです。

幸い、日本のさまざまな企業、そしてブラジル人など外国人がたくさん住んでいる群馬県太田市大泉町などが、いち早くウクライナからの避難民の受け入れを表明しています。諸外国の受け入れと比べると、二桁ほど少ないのではないかと思いますが、各グループが責任をもって言える人数は少人数にならざるを得ないのでしょう。しかしそうした輪がどんどん広がっていけば数も大きくなるでしょうし、何よりも身近にウクライナの隣人がいることによって、私たちの意識も変わってくるのではないかと思います。その意味で、鹿児島県や鹿児島市、そして鹿児島の企業も、早く避難民の受け入れを表明してほしいです。

同時に、ロシアの一般の人々のことも心に留めたいと思います。ロシア国内での締め付けも厳しくなり、戦争反対の声を上げるのもとても難しくなっているようです。ナチス時代のドイツ国内もそうでしたし、第二次世界大戦下の日本も恐らくそうであったことでしょう。

昨夜は、ロシアのシベリア地方で、ただ雪の上にハートマークを付けて「戦争反対」と書いただけの女性コトワさんが、新しくできた法律により、「軍の信頼を傷つけた」ということで警察に七時間拘束された後、裁判を受けさせられ罰金刑を課せられたことが報道されていました。新しい法律での有罪判決第一号だそうです。私たちはロシアの中にもあるそうした小さな「戦争反対」の声を聞き漏らさず、何らかの仕方で連帯していくことができればと、願います。また日本国内でもロシアやベラルーシの人たちや子どもたちに対する誹謗中傷が起きないように、差別が起きないように、注意深く配慮していかなければならないでしょう。

そうした厳しい状況の中にあっても、不思議にウクライナの人々から神様を呪うような声はあまり聞こえてきません。「敵は神様ではない」ということがよくわかっているのでしょう。もちろん神様に訴える声、抗議する切実な声は、恐らくたくさんあることでしょう。命が危険にさらされている状況においては、当然のことと思います。

荒れ野の旅路

今日、私たちに与えられた出エジプトの物語も、そのような民衆の切実な訴えから始まっています。そして神様はその声を封じ込めるのではなく、聞き届け、危機から脱する道を示してくださいました。そのことを念頭に置きつつ、読んでいきましょう。

出エジプト記は、この一五章二二節から新たな部分に入ります。それは「荒れ野の旅路」という段階です。このように始まります。

「モーセはイスラエルを葦の海から旅立たせ、一行はシュルの荒れ野に入って行った。一行は荒れ野を三日間進んだが、飲み水が見つからなかった。彼らはマラに着いたが、マラでは水が苦くて飲めなかった。それで、そこはマラと呼ばれた。」

（一五・二二～二三）

「マラ」というのは「苦い」という意味です。もっとも「マラ」というのは、この故事にちなんで後で付けられた名前です（ちなみにルツ記一章二〇節で、苦しみを負ったナオミが自分のことを「マラ」と呼べと嘆いています）。シュルの荒れ野というのは、聖書協会共同訳聖書の巻末地図（二）によりますと、シナイ半島の西側のスエズ湾側の中央あたりになっています。新共同訳聖書では、もっと北のほうに「マラの苦い水」と記されていました。地域を特定するのはなかなか難しいようですが、いずれにしろエジプトから東へ出たシナイ半島の西側のどこかでしょう。そちらの方角に向かって三日間、新たな水を得られないまま、歩きどおしであったということです。非常につらかったに違いありません。食糧は少しの間であればなくても、人間の体はもちますが、水は絶対に欠かすことはできません。

ようやく水のある場所にたどり着きました。「水があったぞ」と、みんな大喜びしたことでしょう。ところがその喜びもつかの間、そこの水は苦くて飲めませんでした。この時の彼らの失望はどれほどのものであったか、想像に難くありません。水は旅人にとって命綱のようなものですから、がっかりするどころか、その命綱が急に絶たれたように思えたでしょう。

彼らはモーセに向かって「何を飲んだらよいのですか」と不平を言いました（一五・二四）。ここでもモーセはイスラエルの民の訴えをそのまま神様に伝えます。イスラエルの民があれほど大きな神様の奇跡を目の当たりにし、モーセやミリアムと共に、神様の栄光をほめたたえる歌を歌いながら、たった三日で不信仰の中に逆戻りしてしまったことは不思議な気もいたしますが、それほど彼らの失望が大きかったということもできるでしょう。

この箇所は、この後四〇年におよぶ荒れ野の旅路の序章のような感じがいたします。実際この四〇年の旅は、ある見方からすれば、イスラエルの民の不平の四〇年であったとも言えます。この後の一六章でも、食べ物をめぐって、イスラエルの人々が文句を言うことから始まります。神様のあれほど大きな業と恵みも、彼らに伝わらなかったのかと思います。

しかし考えてみると、私たちの信仰もそれほど変わらないのかもしれません。一時は非常に燃えて「もうどんなことがあってもこの信仰は変わらない」と思っていても、あっという間に冷めてしまうこともあります。受けた恵みのほうを忘れて、あるいは棚上げにして、すぐに不平を言い始めるのです。私たちも恵みの原点を忘れず、いつもそこに立ち返るようにしていかなければならないでしょう。

甘い水

「そこでモーセが主に向かって叫ぶと、主は彼に一本の木を示された。彼がそれを水に投げ込むと、水は甘くなった。」（一五・二五）

「甘くなった」というのは、砂糖水になったということではないでしょう。外国語の「甘い」という言葉は日本語よりも広い意味をもちます。英語でも Sweet Water というのは、砂糖水ではありません。ポルトガル語でもそうです（Agua Doce）。それは硬水ではなくて軟水、飲める水ということです。

神様はこの時、イスラエルの人々の訴えを即座に聞いてくださいました。この後の荒れ野の旅路においては、さまざまな形の不平が出てきます。今回のように、不平の元となる原因がはっきりしている場合もありますが、そういう直接的原因がないのに不平を言う場合もあります。

民数記一一章一節以下の「民の不平」と題されている物語はそういうケースでしょう。「民は主の耳に届くほど激しい不平を漏らした」とあります。その不平不満は民のほうに大きな原因がありました。しかし単なる不平と苦しい中での神様への抗議は、そう簡単に区別がつかないこともあるのではないでしょうか。

ただ荒れ野の旅路の初めに、「神は民の訴えにすぐに応えてくださった」という話（一五・二四～二五）があることは、神様がどういう方であるかを象徴的に表しているように思います。聖書の神様は私たちの悩みを無視するのではなく、その悩みに応えてくださる方なのです。イエス・キリストが「求めなさい。そうすれば、与えられる」（マタイ七・七）と言われたとおりです。

自然の力を用いて

ここで示された解決方法は、奇跡というよりも、それなりに根拠があるように思えます。その木には水を甘くする（硬水を軟水にする）特性があり、それを神様はモーセに教えてくださったということかと思います。ある種の木の樹皮や葉にはそのような効能があるようです。それは、その後にも役立つ知識です。神様は、人間の能力によって、また自然界の諸要素に含まれる「癒やし」の特性によって、業を行われるのです。フレットハイムという注解者は、そういうことを述べつつ、「注目に値するのは、自然秩序のある要素が、同じ自然秩序の別の要素を元どおりに回復させるのに用いられるという点である。創造的混乱の回復には神の祝福が伴う」（フレットハイム『現代聖書注解　出エジプト記』、二六四頁）と述べています。

しかし神と関係がないというわけではありません。神様がそういう危機的状況において、ご自分が作られた自然の力によって、民を救ってくださった。そのことを示すためにモーセを用いられたのです。

聖書の幸福論

この業の後、こう記されます。

「その所で、主は掟と法を示し、その場で彼を試みて、言われた。『もしあなたの神、主の声に必ず聞き従い、主の目に適う正しいことを行い、その戒めに耳を傾け、その掟をすべて守るならば、エジプト人に下したあらゆる病をあなたには下さない。まことに私は主、あなたを癒やす者である。』」

（一五・二五〜二六）

「主は……彼を試みて」とありますが、神様はモーセに意地悪をしようとされたのではないでしょう。もちろん誘惑しようとされたのでもありません（ヤコブ一・一三参照）。むしろここで幸福になる道を示されたと言えるでしょう。「聖書の幸福論」と言ってもよいかもしれません。幸せはどこにあるか、それは神と共に歩むことだ。ここに人生の大きな指針が与えられています。

最後の一言「まことに私は主、あなたを癒やす者である」（一五・二六）という言葉が全体を支配しています。聖書にあらわされた神様は、根本的なところで、私たちを裁き、滅ぼすお方ではなく、私たちを癒やし、生かすお方なのです。神様からモーセを通して、私たちに与えられている大きな約束の言葉、慰めの言葉です。

そしてこのマラの後、エリムという場所に着くと、そこには一二の泉と七〇本のなつめやしが茂っていました。大きな恵みが待っていたのです。そのところで彼らはしばらく滞在することになりました。

民の苦しみを知り、行動する神

私は、今のウクライナの厳しい事態を知らされる中、出エジプトの大きなドラマがそもそもどのようにして始まったかを、改めて心に留めたいと思いました。それは、エジプトで奴隷になっているイスラエルの民の苦しみの叫びを、神が聞かれたことから始まりました。

「それから長い年月がたち、エジプトの王は死んだが、イスラエルの人々は思い苦役にあえぎ、叫んでいた。重い苦役から助けを求める彼らの叫び声は神のもとに届いた。神はその呻きを耳にし、アブラハム、イサク、ヤコブとの契約を思い起こされた。神はイスラエルの人々を顧み、御心に留められた。」（二・二三～二五）

そこからモーセがリーダーとして立てられていくのです。荒れ野の奥、ホレブ山において、燃える柴の中から、神はモーセに向かって呼びかけ、そしてこう語られました。

「私は、エジプトにおける私の民の苦しみをつぶさに見、追い使う者の前で叫ぶ声を聞いて、その痛みを確かに知った。それで、私は下って行って、私の民をエジプトの手から救い出し、その地から、豊かで広い地、乳と蜜の流れる地……に導き上る。今、イスラエルの人々の叫びが私のもとに届いた。私はエジプト人が彼らを虐げているのを目の当たりにした。」（三・七～八）

この神様の言葉は真実です。神様は、この苦しみの叫びを聞き、それゆえに奴隷になっているイスラエルの民をここから救い出すために、モーセを立てられたのです。神様はモーセにこう命じられました。

「さあ行け。私はあなたをファラオのもとに遣わす。私の民、イスラエルの人々をエジプトから導き出しなさい。」

（三・一〇）

詩編の詩人の叫び

詩編七編に次のような言葉があります。

「主よ、立ち上がってください、怒りに燃えて。
身を起こしてください
私を苦しめる者に激しい憤りをもって。
目を覚ましてください、私のために。
あなたは公正をお命じになりました。
諸国の民をあなたの周りに集め
その頭上はるか高き座にお戻りください。」

（詩編七・七～八）

まさにウクライナの人々の叫びを聞いているようです。神様は、イスラエルの人々の叫びを聞いて立ち上がってモーセを立てられたように、ウクライナの人々のためにも立ち上がり、行動を起こしてくださると信じます。そしてそのために、私たちをも用いられるということを忘れないようにしたいと思います。

（二〇二二年三月一三日）

21 食物

出エジプト記一六章一～三六節
マタイによる福音書六章一一節

不平を聞かれた神

出エジプトの民はエリムを出発し、エリムとシナイとの間にあるシンの荒れ野に向かいました。荒れ野に入りますと、イスラエルの人々は再びモーセとアロンに向かって不平を述べ立てます。

「私たちはエジプトの地で主の手にかかって死んでいればよかった。あのときは肉の鍋の前に座り、パンを満ち足りるまで食べていたのに、あなたがたは私たちをこの荒れ野に導き出して、この全会衆を飢えで死なせようとしています。」（一六・三）

このようにイスラエルの民が不平を言うところから始まるのですが、神様はこの民の不平を聞き上げてくださいました。

「今、あなたがたのためにパンを天から降らせる。民は出て行って、毎日、一日分を集めなさい。」（一六・四）

それを受け、モーセは民に向かって語ります。

「主が夕方にはあなたがたに食べる肉を与え、朝には満ち足りるほどパンを与えてくださるのは、あなたがたが並べ立てた不平を聞かれたからである。私たちを一体何者だと思っているのか。あなたがたが不平を言ったのは、私たちに向かってではなく、主に向かってなのだ。」（一六・八）

「私たちを何者だと思っているのか」という言葉には、「私たちに一体その資格があるのか」とか「私たちは人間に過ぎないではないか」という含みがあるのでしょう。

うずらとマナ

夕方になると、うずらがいっぱい飛んで来て、宿営を覆いました。ちなみにこのうずらとマナの物語は、民数記一一章にも出てきますが、そこでは少し違った書き方がなされています。神様は「そんなに肉を食べたいのならば、食べさせてやる」と言わんばかりにうずらの大群を送るのです。彼らは、うずらの肉をいやというほど食べるのですが、その後激しい災い（食中毒でしょうか）が降りかかって何人も死ぬことになります（民数記一一・三一～三四参照）。

ただしこの出エジプト記のほうは、不信仰についての裁きということではありません。懇願の仕方は間違っていたかもしれませんが、その内容は納得のいくことであったからでしょう（エリソン『出エジプト記』一五三頁参照）。

朝になると宿営の周りに露が降りていました。「降りた露が上がると、荒れ野の地表に薄く細かいものが、地の上の霜のようにうっすら積もって」いました（一六・一四）。

イスラエルの人々は「これは何だろう」と言いました。彼らには見たことも食べたこともないものでした。「これは何だろう」というのが「マナ」という言葉の語源だと言われます。モーセは彼らに言いました。

「これは、主があなたがたに食物として与えられたパンである。主が命じられた言葉はこうである。『それぞれ自分の食べる分を集め、一人当たり一オメルずつ、自分の天幕にいる人数に応じて取りなさい。』」
（一六・一五〜一六）

神が与えた糧

このマナというのがどういう食べ物であったのか、また実際には何であったのか、よくわかりません。三一節には、「それはコリアンダーの種のようで、白く、蜜の入った薄焼きパンのような味がした」とあります。またそれは、翌朝まで取っておくことができないものでした。先ほどの民数記一一章の方では、こう記されています。

「民は歩き回ってそれを集め、臼で挽くか鉢ですり潰し、鍋で煮てパン菓子にした。その味は油を含んだものの味であった。」
（民数記一一・八）

おいしそうで、食べてみたくなります。この二つの記述でも微妙に違いますが、それがかえってリアルな感じがします。味の感じ方というのは一人一人違いますし、料理の仕方、食べ方も違うものです。

このマナが実際に何であったのかを解明しようとする試みもあります。タマリスクという木の樹液から一種の黄白色のフレークまたは玉ができるそうです。次のような解説もありました。アブラムシの一種がギョリュウ科の低木の樹液を吸った際に、甘い分泌物を出すことがある。それは日中の暖かい時には溶けるけれども、寒くなると固まる。味は甘い。土地の人はそれを料理してお菓子のようにして食べる。とても腐りやすいし、蟻がつきやすい。そういうものが実際にあり、その地方では、それをマナと呼んでいるそうです。

こうしたものと、マナについての聖書の伝承は、何らかの関係はあるのでしょう。しかしここで大事なことは、この不思議な食べ物は、神様ご自身が彼らのために備えられた天からの糧であったということです。みんなその日一日分だけ取ることが許された。欲張って翌日の分まで取ったら、虫が湧いて臭くなってしまった、あるいは気温が熱くなると溶けてしまった。おもしろいことに、ある人は多く集め、ある人は少なくしか集められませんでしたが、量りで量ってみると、みんな必要な分がぴったり与えられたというのです。「よーし、今日はいっぱい取ってやるぞ」と、がんばってみても同じでした。その代わり病気か何かで少なくしか取れなくても、ちょうど必要な分は取れたということになります。必要な分は、神が定められるということです。何かしらこの世の原理とは違う原理が働いているのです。これはひとつの奇跡と言えるのではないでしょうか。

六日目は二倍

さらにそれは六日目になると、普段の倍の量が取れました。六日目は二倍働いたというのではありません。他の日と同じだけ働いているのに、なぜか収穫は二倍になっていた。七日目が安息日であるからだと説明されています。他の日は翌日まで取っておくことはできないのに、この日に取った分だけは、煮たり焼いたりはしたかもしれませんが、翌日まで取っておくことができました。ここでもまた欲張りな人がいて、安息日であるにもかかわらず、マナがないかどうか見に行くのです。しかし何もありませんでした。そこで神様は再び登場します。

「あなたがたはいつまで私の戒めと律法を守ることを拒むのか。見よ、主はあなたがたに安息日をお与えになった。それで六日目に、主は二日分のパンをあなたがたにお与えになる。七日目には、それぞれ自分のところにとどまり、その場所から出ないようにしなさい。」（一六・二八～二九）

これは命令形で書いてありますが、裏返して言えば、「七日目は働かなくてもいいように、私はきちんと考えているのだ」ということでしょう。

まず神の国と神の義を求めなさい

ここにはいろいろなメッセージが含まれていますが、一番大事なことは、「神様は私たちに必要な糧を、毎日与えて養ってくださる」ということでしょう。私たちには、毎日の生活に対する不安があります。この時のイスラエルの民の訴えは、「エジプトでは肉の鍋が食べられたのに」というわがままな不平でした。苦しかったことは棚に上げて、よかったことばかり思い起こしています。つらい時というのは、どうもそういう傾向があるのではないでしょうか。「それに比べて今は何と大変なのだ」と不平を言うのです。

確かにこの荒れ野の旅路にはさまざまな不安と困難が伴っていたに違いありません。何とか翌日まで取っておこうとする人がいたり、安息日にまで何かないか見に行ったり、というのは必ずしも貪欲とまでは言えないかもしれません。誰しも明日のことは心配です。しかしこの物語は、神様が決してそのような不安、困難、悩みを放置される方ではないということを語っているのではないでしょうか。イエス・キリストはこう言われました。

「まず神の国と神の義とを求めなさい。そうすれば、これらのものはみな添えて与えられる。だから、明日のことを思い煩ってはならない。明日のことは明日自らが思い煩う。その日の苦労は、その日だけで十分である。」　（マタイ六・三三〜三四）

この言葉を語られた時、イエス・キリストは、「空の鳥を見なさい」と言われました。

「（空の鳥は）種も蒔かず、刈り入れもせず、倉に納めもしない。だが、あなたがたの天の父は鳥を養ってくださる。」　（マタイ六・二六）

今回のマナも、あの鳥に与えられたのと同じように、いわば無償で与えられた。朝起きたら、そこにあったのです。もちろんそれを拾い上げることはしていますが、労働と言えるほどのものではないでしょう。

私たちは、たとえ信仰をもっていても、誰しも将来への不安をもっているものです。自分のことは神様に委ねるということでよいかもしれないが、子どもに対してはそういうわけにはいかない、と思われる方もあるかもしれません。確かに子どものために明日の備えをすることは、親の責任でしょう。私は、そのことと「明日のことを思い煩うな」ということは、必ずしも矛盾しないと思います。そういう親としての責任を果たしながら、最後のところでは、神様に任せていくより仕方がないものです。しかし逆に言うと、任せることが許されているのです。いや「最後に」ではなく、むしろ「最初に」神様に任せて、その大きな御手の中で、自分のなすべきことをなしていくのではないでしょうか。それが本来的な生き方であろうと思います。

「まず神の国と神の義とを求めなさい」というのは、明日のために何もしないでよいということではありません。日々の事柄に追われている生活の中で、一体何を優先すべきか、まず何をなすべきかが問われているのです。そのように考え、実践する中で、心がゆるめられ、次になすべきことが見えてくるのではないかと思います。

恵みの契約

ここから学ぶべき第二のことは、人間の不信仰によっても、神様の恵みの契約は損なわれなかったということです。

ノアの箱舟の話を思い起こします。洪水の後で、神様はこう言われました。

「主は宥めの香りを嗅ぎ、心の中で言われた。『人のゆえに地を呪うことはもう二度としない。人が心に計ることは、幼い時から悪いからだ。この度起こしたような、命あるものをすべて打ち滅ぼすことはもう二度としない。』」（創世記八・二一）

洪水の後、人は何も変わらなかったかもしれませんが、神様のほうで何かが変わったのです。それは「人が悪いという理由で、今回のようなことは二度としない」と、神様が決意されたということでした。

だから人間がどんなに不信仰で不平を述べ立てたとしても、それによって、神様は恵みの態度を変えることをしない。むしろ神様のほうからいつもその関係を修復する道を作ってくださる。私は、神様のそうした決意の果てに、イエス・キリストの姿が浮かんでくるような気がいたします。

試練を通して幸福へ

ただしそれは人間がそのままでよいというのではありません。三つ目に申し上げたいのは、その不信仰を修復するために、神様は試練を通して悔い改めの機会を与えられるということです。今回のところでも、「これは彼らが私の律法に従って歩むかどうかを試すためである」（一六・四）と記されています。

ただ何のために試されるのか。後でもっとひどい裁きをなすためではありません。むしろその試練によって、本当に彼らを養っているのが誰であるかに気付いてほしい、必要かつ十分な糧を与えることで、まことの養い主がその向こうに立っておられることに気付いてほしいのです。荒れ野の四〇年の旅が終わろうとする時、モーセは振り返ってこのように語りました。

「あなたの神、主がこの四十年の間、荒れ野であなたを導いた、すべての道のりを思い起こしなさい。主はあなたを苦しめ、試み、あなたの心にあるもの、すなわちその戒めを守るかどうかを知ろうとされた。そしてあなたを苦しめ、飢えさせ、あなたもその先祖も知らなかったマナを食べさせられた。人はパンだけで生きるのではなく、人は主の口から出るすべての言葉によって生きるということを、あなたに知らせるためであった。」（申命記八・二〜三）

そしてこの言葉の結論のようにして、こう記されます。

「それは、あなたを苦しめ、試みても、最後には、あなたを幸せにするためであった。」（申命記八・一六）

興味深い言葉です。何のために、苦しめて試されたのかといえば、「最後には、幸せにするためであった」というのです。これは私たちには、なかなかぴんと来ないことであるかもしれません。「試練」と「幸せ」というのは、随分かけ離れたことのような気がします。しかしその試練によって、人はパンだけで生きるのではなくて、主の口から出る言葉によって生きることを知る。そしてそれを知る中にこそ、私たちの幸せがある

出エジプト記16:1－36

というのでしょう。イエス・キリストは、別のところでこう語られました。

「私が命のパンである。私のもとに来る者は決して飢えることがなく、私を信じる者は決して渇くことがない。」

（ヨハネ六・三五）

イエス・キリストこそがまことの糧であって、私たちはその言葉によってこそ、まことの命を得る。その信仰を新たにして、今週も歩み始めましょう。

（二〇二二年四月二四日）

22 支 援

出エジプト記一七章一～一六節
エフェソの信徒への手紙六章一〇～二〇節

モーセの手

イスラエルの人々は、レフィディムで、アマレク人の襲撃を受け、戦わざるを得なくなりました。これはイスラエルの人々がエジプトを出た後に経験した、いわば最初の戦いでありました。モーセは従者ヨシュアに向かってこう告げます。

「私たちのために男たちを選び、アマレクとの戦いのために出陣しなさい。明日私は神の杖を手に持って丘の頂きに立つ。」（一七・九）

ヨシュアというのは、後にモーセの後を継いで、イスラエルの民を率いるリーダーになっていく人物です。ヨシュアはモーセの命じたとおり、戦闘の現場で指揮を執り、モーセは、アロンとフルと一緒に丘の上に登って、それを見守るのです。

不思議なことが起きました。モーセが手を上げている間は、イスラエル軍が優勢になり、モーセが手を下ろすと、アマレク軍が優勢になったというのです。モーセのこの仕草は、一体何を意味しているのでしょうか。多くの人がそう解釈するように、私はやはりこれは祈りの姿だろうと思います。私たちが祈る時は、普通、頭を垂れて手を組んで祈りますが、ユダヤ教では、手を上げて天を仰いで祈りました。

イエス・キリストのたとえの中に、「徴税人は遠くに立って、目を天に上げようともせず、胸を打ちながら言った」（ルカ一八・一三）という言葉があります。これは、普通は目を天に上げて、天を仰ぐことが祈りの姿勢であったことが前提になっています。

モーセは神様に、『どうかイスラエルの民を見放さないでください。共に戦ってください』と、丘の上で天を仰いで祈ったのであろうと察します。しかしモーセも人間ですから、ずっと手を上げていることはできません。だんだん手が下がってきます。モーセの手が下がると、こちらが劣勢になりました。とうとうアロンとフルは石を持ってきてモーセの下に置き、モーセはその上に座りました。さらにアロンとフルは、モーセの両手が下がらないように両方から支えました。そういう情景が目に浮かびます。それによってモーセの手は日が沈むまで下がることはなく、イスラエル軍はアマレク軍を打ち破ることができたということです。

聖書を誤って読む危険性

こういう戦いの物語を読む時に、複雑な思いにさせられます。これを現代の戦争に安易に重ね合わせて読むことは危険であると思います。世界の歴史は、ある意味で戦争の歴史であったと言えると思いますが、そこではいつも自分たちの側に正義があると信じて、戦いがなされてきました。

キリスト教の歴史においても、十字軍があり、「イスラムに奪われた世界を取り戻すため」（レコンキスタ）という大義を掲げ、実際に「十字の御旗」を掲げて、敵を「征伐」してきました。そこでは、非常に単純に、神様は自分たちの側につき、自分たちの味方をしてくださるという安易、かつ危険な考えがあったことを、忘れてはならないでしょう。自分たちの戦争を神の御名で正当化するという大きな罪を犯していたという点を顧みることがあまりにも少なかったと言わざるを得ません。

旧約聖書を注意深く読んでみると、神様は必ずしもいつもイスラエルの味方をしてきたわけではないことがわかります。たとえばエレミヤ書には、神様はあえて愛するユダ王国、そしてエルサレムを罰するために、バビロニア軍を用いて、エルサレムを滅ぼされる、ということが出てきます。そうであればこそ、神様は公平な方であると思うのです。

神は弱い者の味方をされる

この時、アマレク軍と戦ったイスラエル軍について、二つのことを確認しておきたいと思います。

一つは、このイスラエル軍は、解放された奴隷たちによる烏合《うごう》の衆のようなもので、決して戦うための集団ではなかったということです。彼らはアマレク軍が攻めてきたので、仕方なく自衛のために戦ったのです。こちらから敵を攻めて滅ぼすというのではありません。それは、ちょうど今年（二〇二二年）二月二四日以降、ロシアからの軍事侵攻に対して、自分たちの国や人々を守るために戦っているウクライナの人々に似ているかもしれません。

もう一つは、ここでのイスラエル軍というのは、先ほど申し上げましたように解放奴隷たちであって、弱小集団であったということです。神様は、弱い者が踏みにじられるのを見過ごしにされない、そういうお方です。

ですからその集団がひとたび強者の側に立って、自分たちを守るだけではなく、自分たちを脅かす危険性のあるものを、強大な武力でもって攻めるということになれば、話は違ってくるでしょう。ある時には、確かに神様は自分たちの土地や人々を守るために戦っている人たちを支援されるけれども、ひとたび勝者となって、それまで自分たちを苦しめた人々に対する報復のような行動に出るならば、神様はそこまで味方をされることはないと思うのです。

備えあれば憂いなし？

ニューヨーク・ユニオン神学大学院の教授であった小山晃佑《こやまこうすけ》先生が、「備えあれば憂いなし」という言葉について、次のように語られたことを思い出します。

「『備えあれば憂いなし』という考えは非常に危険です。偶像なのです。『備えあれば憂いなし』ということで、まだ攻撃してきてもいない『敵』、攻撃してくる可能性のある相手を、次々と攻撃していくと、一体世界はどうなってしまうでしょうか。そういう『備え』は間違っています。そういう『備え』はすればするほど、『憂い』も増していくでしょう。」

ロシアがウクライナ侵攻を始めた時、ウクライナ側は何も攻撃していませんでした。「ウクライナがＮＡＴＯに加盟すれば、ロシアはとても危ない状態になる。ＮＡＴＯの脅威が大きくなる前に、こちらからそうならないようにしてしまおう。備えあれば憂いなし」ということで、ウクライナ侵攻が始まったと理解しています。しかし実際はどうであったたか。「備え」をすればするほど「憂い」も大きくなって、もはや引き返せなくなってしまっている状態であると言えるのではないでしょうか。このことが引き金となって、フィンランドやスウェーデンまでＮＡＴＯに加盟申請をするようになりました。ロシアの「備え」は、「憂い」をさらに大きくしたと言えるでしょう。

話を戻しますが、聖書の神様は、基本的に弱い者が踏みにじられるのを見過ごしにされず、それをかばって守られる神様であるということを忘れてはならないでしょう。

信仰生活の戦い

さてこの物語はどういう意味をもっているのでしょうか。私はやはりこのところでモーセが手を上げて祈っている姿は、私たちの祈りの生活、信仰生活を象徴していると思います。不断の祈り、耐えざる祈りこそが、私たちを神様と結び付けるものであり、私たちをいろいろな戦いから守ってくれる、そしてそれに勝利する道です。信仰生活の戦いについて、エフェソの信徒への手紙は、このように象徴的に述べています。

「悪魔の策略に対して立ち向かうことができるように、神の武具を身に着けなさい。……立って、真理の帯を締め、正義の胸当てを着け、平和の福音を告げる備えを履物としなさい。これらすべてと共に、信仰の盾を手に取りなさい。それによって、悪しき者の放つ燃える矢をすべて消すことができます。また、救いの兜をかぶり、霊の剣、すなわち神の言葉を取りなさい。」

（エフェソ六・一一〜一七）

いかがでしょうか。武具の用語を用いて、見事に信仰生活の戦いについて述べています。そしてそこから祈りについて述べ始め、最後に、「自分のためにも祈ってほしい」と願うのです。

「また、私が口を開くときに言葉が与えられ、堂々と福音の秘儀を知らせることができるように、私のために祈ってください。私はこの福音のための使者として鎖につながれていますが、どうか語るべきときに、私が堂々と語ることができるように祈ってください。」
（エフェソ六・一九～二〇）

エフェソの信徒への手紙はパウロが書いたのではないという説もありますが、少なくとも内容的には、パウロが信仰のゆえに獄中に置かれていた状況をよく言い表していると思います。パウロもまた誰かに祈られることを必要としていたのです。

祈りの生活も誰かに支えられる

それはモーセの祈りの手がアロンとフルによって支えられたということと重なってきます。モーセもアロンやフルの、そしてヨシュアの支援を必要としました。

信仰生活の戦いは一人の戦いではありません。共に戦う仲間がいるのです。一人ではどうしても疲れてしまう。手も心も下がってきてしまう。しかしそれを続けることができるように支えてくれる人たちがいるのです。私たちの傍らに誰かが立って支えてくれるのです。それは私たちの家族であることもあるでしょうし、教会の仲間であることもあるでしょう。そしてそれらの人々は、もしかすると、私たちの友人、隣人、家族の姿をとったキリスト自身であるかもしれません。私たちの手は支えられるのです。そしてモーセが無事に夕方を迎えたように、私たちも人生の夕方を迎えることができるのではないでしょうか。

マサ（試し）とメリバ（争い）

さて一七章前半の物語（一～七節）に戻りましょう。「マサとメリバ」と題されています。ここも一五章二二節以下に続いて、飲み水の話です。このマサとメリバという地名も、七節の言葉から推測できるとおり、「試し」「争い」という意味があります。彼らはシンの荒れ野を出発し、旅を重ねて、レフィディムに宿営しました。しかしまた水の問題に直面します。一五章では水が苦くて飲めなかったのですが、今回は水そのものがありませんでした。

「民はモーセと言い争いになり、『飲み水をください』と言った。モーセは彼らに言った。『なぜあなたがたは私と言い争うのか。なぜ主を試すのか。』」 （一七・二）

この前の一六章でも、神様は食べ物をめぐって、その不平を聞き上げて、マナを与えてくださいましたが、彼らはそのことも忘れてしまったかのように、再びモーセに向かって不平を述べ立てます（一七・三）。何だか彼らはずっと同じことを繰り返しているように見えます。しかし苦しい状況であるのはモーセもわかっているので、モーセは再び神様に訴えます。彼らはモーセを殺さんばかりに詰め寄り、モーセはそのことを率直に神様に訴えました（一七・四）。神様は言われました。

「民の前を通り、イスラエルの長老を何名か一緒に連れて行きなさい。ナイル川を打ったあなたの杖も手に取って行きなさい。私はホレブの岩の上であなたの前に立つ。あなたがその岩を打つと、そこから水が出て、民はそれを飲む。」（一七・五～六）

モーセが神様の言われたとおりに、岩を打つと、そこから飲み水が湧き出てきました。このエピソードも一五章の話同様、神様が造られた自然の秩序の中に、すでに解決の道が準備されていた。神様はモーセにその場所を示されたのでした。神様は、民の困難を放置される方ではないのです。

キリストの岩

この出来事に関連して、もう一つ、興味深いパウロの言葉をご紹介します。

「きょうだいたち、次のことはぜひ知っておいてほしい。私たちの先祖は皆、雲の下におり、皆、海を通り抜け、皆、雲の中、海の中で、モーセにあずかる洗礼を受け、皆、同じ霊の食物を食べ、皆、同じ霊の飲み物を飲みました。彼らが飲んだのは、自分たちに付いて来た霊の岩からでしたが、この岩こそキリストだったのです。」

（コリント一 一〇・一～四）

イスラエルの民が経験した出来事を、パウロはキリスト論的（キリスト教的に）に解釈し、洗礼と聖餐の予型（プロトタイプ）として理解しています。前半の「私たちの先祖は、雲の下におり、海を通り抜け」というのは、「モーセにあずかる洗礼」だったのだと解釈します。また「同じ霊の食物を食べ」というのはマナの奇跡のことで、「同じ霊の飲み物を飲んだ」というのは、この一七章の岩からほとばしる水のことです。そしてこれを聖餐式の予型とするのです。そして最後に「この岩こそキリストだったのです」という驚くべき解釈をします。ユダヤ教の人からすれば、勝手な解釈ということになるかもしれませんが、キリスト教的に言えば、「先在のキリスト」ということです。つまりキリストは人間イエスとしてお生まれになる前から、天にあって父なる神と共におられた。そのキリストが、ここでは岩として、神の民と共におられるしるしとなられたのだということでしょう。ちなみに、「岩」には「ヤハウェの神」という意味があります。

このことは、私たちにも、気付かないところ、知らないでいるところにキリストの水がある。気付かないかもしれないけれどもキリストはすぐ近くにおられるということを語っていると思います。そのことを心に留めつつ、感謝と祈りの生活を形成していきたいと思います。

（二〇二二年五月一五日）

23 分　担

出エジプト記一八章一～二七節
使徒言行録六章一～七節

多忙な生活

今日私たちに与えられた出エジプト記一八章の物語は、いわば働き盛りのモーセが何でもかんでも自分でやろうとして、過労で倒れる寸前の状態になっていた、という興味深い話であります。

私も東京にいた頃、いろいろな仕事を抱え込み過ぎて、身動きが取れないような状況でした。それらを振り切って鹿児島に来て、一旦すべてリセットして、少し時間にゆとりができました。ただ鹿児島で長くなりますと、再びさまざまな役を引き受けるようになってきています。コロナ禍の間は仕事も少なめでしたが、今年度に入って、再び出張も増えてきました。

忙しくて身動きが取れない時というのは、本当はペースダウンしなければならないのでしょうが、なかなか自分ではそれができませんし、そういう状況に陥っていることも、自分では気付かない場合が多いものです。何でも自分でやらないと気がすまなくて、抱え込んで自滅してしまう、ということがあると思います。そういう時に、尊敬する先輩、年長者から、冷静な立場で助言をされると、「そうか、そんなにがんばらなくていいんだな」と、何か呪縛から解き放たれたような感じがすることもあります。

モーセもそういう状況に陥っていたということを、このエピソードから推察することができます。

家族と再会したモーセ

一七章において、モーセたち出エジプトの一行はアマレクの人々から攻撃を受けましたが、何とかそれを退けることができたということが記されていました。今度はミデヤン地方、あるいはその近くまでやって来ています。ミデヤン地方は、かつてモーセがエジプトから逃れて一時避難していた場所でありました。そこで後に妻となるツィポラと出会い、しゅうとエトロ（別名エウレル）の羊飼いの仕事を手伝っていました。その時に、燃える芝の中から呼びかける声を聞き、エジプトに戻る決心をしたのでした。

ミデヤン地方では、アマレクとは違って、一行は攻撃されることはなく、温かく迎え入れられました。エトロの娘婿だとわかっていたからかもしれません。

モーセは妻のツィポラをミデヤン地方の実家へ里帰りさせていました。なぜかは書いてありません。そして今、彼女の父親、つまりモーセのしゅうとであるエトロが娘のツィポラと二人の孫を連れてモーセを訪ねて来たのです。長男はゲルショムという名前でした。「私は異国の地で寄留者となった」という意味です。次男の名前は、エリエゼルでした。「私の父の神は私の助け」という意味です。両方とも、モーセのこれまでの歩みをよく表している名前です。

エトロが「あなたのしゅうとである私エトロは、あなたの妻とその二人の息子を連れて来ました」（一八・六）と伝えますと、モーセは出て来て、ひれ伏し、そして口づけしました。恐らく「お久しぶりですね」などと言ったのでしょう。モーセはこれまで自分たちが経験したさまざまなこと、エジプト脱出以来の大きなドラマを、エトロに報告しました。途中であらゆる困難に遭遇したけれども、神様がイスラエルの民を救い出されたことを証ししました。

モーセとエトロは再会を祝し、神様に献げ物をして、神様の御前で食事を共にします。

エトロのほうも、神様と人々の間に立って執り成しをする祭司でありました。もちろんヤハウェの神の祭司というのではありませんが、いわばモーセと同職種の先輩であったわけです。ただしもう隠居の身分であったでしょう。

しゅうとエトロの助言

その翌日のことです。モーセには久しぶりに再会した家族とゆっくり過ごす時間もありません。モーセに面会を求めて、大勢の人々が列を作って待っていました。モーセは朝から夕方まで彼らの話を聞いて、その裁きをしていました。それを傍らで見ていたエトロはたまりかねて、こう言うのです。

「あなたが民のためにこうして行っていることは何ですか。どうしてあなた一人が座に着いて、民は皆朝から夕方まであなたのそばで立っているのですか。」

（一八・一四）

モーセはエトロにこう答えました。

「民は、神に尋ねるために私のところに来るのです。彼らに問題が起こると、私のところにやって来ます。私は双方の間を裁いて、神の掟と律法を知らせます。」（一八・一五～一六）

エトロはさらにこう言いました。

「あなたのやり方はよくない。あなたも、一緒にいるこの民も、きっと疲れ切ってしまう。これではあなたに負担がかかりすぎ、一人でそれを行うことはできない。」（一八・一七～一八）

ありとあらゆる問題がモーセのところに持ち込まれていました。そこには人生相談のようなこともあったでしょう。隣の人とのいざこざ、家庭内の問題、何でも「神に問うために」モーセのところへやって来ました。今日で言う民事訴訟の事柄と宗教的事柄が未分化の状態で、すべてをモーセが一手に引き受けていたのでしょう。

エトロは「さあ、進言するので、私の声に耳を傾けなさい」（一八・一九）と言って、次のような提案をしました。

「あなたは、すべての民の中から有能な人、神を畏れる人、誠実な人、不正な利益を憎む人を選び出し、千人隊の長、百人隊の長、五十人隊の長、十人隊の長として民の上に立てなさい。ふだんは彼らに民を裁かせ、大きな問題が生じたときだけ、あなたのところに持って来させ、小さな問題はすべて、彼らが裁くのです。こうしてあなたの負担を軽くし、彼らもあなたと共に分担するのです。もしあなたがこのやり方を実行し、神があなたに命じてくださるなら、あなたはその任に堪えることができ、この民も皆、安心して自分の場所に帰ることができるでしょう。」

（一八・二一～二三）

モーセはエトロの進言を受け入れ、そのとおりにしました。そしてエトロは自分の地へ帰って行きました。

仕事の組織化、分業化

このエピソードは、いろいろな意味でおもしろいものです。

一つには、歴史的な意味で興味深いと思います。最初はモーセによるワンマン組織であった出エジプトの共同体が、だんだんと組織化されていくのですが、それがどのような形で、あるいはどのような動機でなされたかということが語られています。もちろんここまで秩序立った組織ができるのは、本当はもっと後の時代のことであると思います。またこのところでモーセは相談しに来た人々に「神の掟と律法を知らせます」と言っていますが、この時点ではまだ神の掟の基本である十戒も与えられていません。

ですからもっと後の時代、つまりこれが書かれた当時には、ほぼそういう組織ができていて、そのルーツを探るというか、その組織をこうした形で権威付けるという意味合いもあったのではないかと思います。いずれにしろ、仕事の組織化、分業化がこのようになされていったというのは興味深いことです。昔は何でもかんでも祭司がやって、いちいち神様にお伺いを立てていたものを、いわば裁判所の仕事と宗教的な仕事が分業化されていくプロセスを見るような気がいたします。

ワンマン共同体はよくない

二つ目は、ワンマンの共同体はよくないということです。その本人にとってもよくないし、そのもとにいる他の人にとってもよくない。できるだけ大勢の人で役割を負い合わなければならない。それが、共同体が健康であるための一つの条件であるように思います。教会であれ、会社であれ、家庭であれ、学校であれ、すべてそうではないでしょうか。それはある意味で当然のことですが、責任をもっている当人は、なかなかそのことに気付かないものです。そしてもしもその人が倒れてしまった時には、誰も代わりがおらず、それで終わりになりかねません。もちろん、責任放棄してよいということではありません。きちんとそれができる人を育てて、その人たちを立て、だんだんと仕事を任せていくということが必要です。ワンマンで何でもできる人にとっては、それはむしろ忍耐のいることでしょう。しかしそのほうがお互いのためによい、そして将来のためによい、ということを告げているような気がします。

祈りと御言葉の奉仕のために

これとよく似た話が新約聖書の中にも出てきます。

「その頃、弟子たちが増えてきて、ギリシア語を話すユダヤ人からヘブライ語を話すユダヤ人に対して苦情が出た。日々の分配のことで、仲間のやもめたちが軽んじられているというのである。そこで、十二人は弟子たち全員を呼び集めて言った。『私たちが、神の言葉をおろそかにして、食事の世話をするのは好ましくない。そこで、きょうだいたち、あなたがたの中から、霊と知恵に満ちた評判の良い人を七人探しなさい。彼らにその仕事を任せよう。私たちは、祈りと御言葉の奉仕に専念することにします。』」

（使徒六・一〜四）

初代教会の人たちは、最初は組織を整えることをあまり考えていなかったようです。世の終わりがすぐに来ると考えられていたからです。しかし「もしかすると、そうすぐには来ないぞ」ということになり、だんだん教会を組織として整えていくことになります。「こうして、神の言葉はますます広まり、弟子の数はエルサレムで非常に増えて」（使徒六・七）いきました。

この使徒言行録の記述の中にとても大事なことが記されています。それは、このように組織化、分業化したのは、彼ら（使徒たち）が「祈りと御言葉の奉仕に専念する」（使徒六・四）ためであったということです。ただ単に肉体的に限界だから、このままでいくと体がもたないから、ということだけではありませんでした。あまりにも忙しく仕事をしていると、つい最も大事なこと、「祈りと御言葉の奉仕」がおろそかになってしまうのです。

モーセの場合もそうでした。モーセが、より忠実に神様の委託に応えることができるために、その業務を分担する必要があったのでした。そうすれば、「あなたはその任に堪えることができ……るでしょう」（出エジプト一八・二三）と言うのです。

私たちも必ずしも上に立つ仕事をしていなくても、あまりにも忙しいと、つい最も大事なことをおろそかにしてしまうことがあるのではないでしょうか。「今日何をするべきか」を考える時に、私もどうしても締め切りのある原稿や、形になる仕事を優先せざるを得ないことになります。それは「これをした、あれをした」というふうに、印をつけられるものです。しかしそこで大事なことがすっぽり抜けてしまうということがあるように思います。

心静めて神の御前に出る

エトロが、モーセが仕事をする様子を見て憂えたのも、実はそういうことではなかったでしょうか。たくさんの仕事に忙殺されるために、一番大事なことが後回しになってしまうのです。

これはモーセやキリストの弟子たちだけの問題ではないでしょう。モーセにとっては神様の前に立つということが大事な事柄であり、イエス・キリストの弟子たちにとっては御言葉と祈りの奉仕に専念するということが大事な事柄であったように、私たちにとっても、御言葉の前に静まる時をもつというのは、クリスチャンとしての生活をするために欠かすことのできないことでしょう。

イエス・キリストご自身が、どんなに忙しく働かれても、一人山に退いて祈る生活を確保しておられたということは、非常に大事なことを示唆していると思います（マタイ一四・二三など）。自戒の念をこめて、そのように思うのです。

ルカ福音書の中に、有名な「マルタとマリア」のエピソードがあります（ルカ一〇・

三八～四二)。マルタは、一生懸命イエス様のためにおもてなしの奉仕をしている。その横で、マリアはじっとイエス様の御言葉に耳を傾けている。それを見ていて、マルタはとうとうたまりかねてこう言いました。

「主よ、妹は私だけにおもてなしをさせていますが、何ともお思いになりませんか。手伝ってくれるようにおっしゃってください。」

(ルカ一〇・四〇)

その言葉に対して、イエス・キリストは、こう答えられました。

「マルタ、マルタ、あなたはいろいろなことに気を遣い、思い煩っている。しかし、必要なことは一つだけである。マリアは良いほうを選んだ。それを取り上げてはならない。」

(ルカ一〇・四一～四二)

私たちは、それぞれ忙しい生活を送っていると思いますが、そうした中で、心静めて、神様の御前に出る。祈りをする。教会で御言葉に耳を傾ける。そういう生活を大事にしていきたいと思います。

出エジプト記は、今回の第一八章をもって前半を終えることになります。一九章以下では、イスラエルの民は旅を一旦休止して、モーセはシナイ山に登り、十戒をいただき、神と契約を結ぶ話へと移って行くことになります。

（二〇二二年六月二六日）

引用・参考文献

『聖書　聖書協会共同訳』日本聖書協会、二〇一八年
H・L・エリクソン『出エジプト記　デイリー・スタディー・バイブル』加藤明子訳、新教出版社、一九九一年
鈴木佳秀『VTJ』旧約聖書注解　出エジプト記　1～18章』日本キリスト教団出版局、二〇一八年
B・S・チャイルズ『出エジプト記 上 批判的神学的注解』近藤十郎訳、日本基督教団出版局、一九九四年
T・E・フレットハイム『現代聖書注解 出エジプト記』小友聡訳、日本基督教団出版局、一九九五年
一色義子『エバからマリアまで～聖書の歴史を担った女性たち〈新装版〉』キリスト新聞社、二〇一〇年
クレイボーン・カーソン編『マーティン・ルーサー・キング自伝』梶原壽訳、日本基督教団出版局、二〇〇一年

ジェイムズ・H・コーン『誰にも言わないと言ったけれど　黒人神学と私』榎本空訳、新教出版社、二〇二〇年

ジェイムズ・H・コーン『十字架とリンチの木』梶原壽訳、日本キリスト教団出版局、二〇一四年

手塚治虫『ブッダ　第1巻　カピラヴァストゥ』潮出版社、一九八七年

日本基督教団阿佐ヶ谷教会『阿佐ヶ谷教会五十年史』日本基督教団阿佐ヶ谷教会五十周年記念事業委員会、一九七四年

宮田光雄『ボンヘッファー 反ナチ抵抗者の生涯と思想』岩波書店、二〇一九年

弓削達『ローマ皇帝礼拝とキリスト教徒迫害』日本基督教団出版局、一九八四年

『旧約聖書Ⅱ　出エジプト記　レビ記』木幡藤子・山鹿哲雄訳、岩波書店、二〇〇〇年

『聖書 新共同訳』日本聖書協会、一九八七年

『聖書 口語訳』日本聖書協会、一九五四年、一九五五年

『聖書 文語訳』日本聖書協会、一九七〇年（旧約・一八八七年、新約・一九一七年発行）

『讃美歌21』日本キリスト教団出版局、一九九七年

『日本基督教団信仰問答』日本基督教団、一九五九年

『ハイデルベルク信仰問答』吉田隆訳、新教出版社、一九九七年

BIBLE New Revised Standard Version, Oxford University Press, New York,1989

あとがき

創世記説教集全四巻を刊行後、こうして出エジプト記説教集第一巻を刊行することができ、うれしく思います。これらは、鹿児島加治屋町教会において、二〇二〇年一月から二〇二二年六月まで、月に一回くらいのペースで行ってきた連続説教に若干の手を加えたものです。鹿児島加治屋町教会では、二〇二一年四月、礼拝での朗読聖書を新共同訳から聖書協会共同訳に変更しました。最初の九編は新共同訳に基づくものでしたが、本書では聖書協会共同訳に統一して最小限の修正を行いました。

この二年半は、私にとっても、世界中の人にとっても、特別な期間でありました。コロナ禍にあって、礼拝も大きな影響を受けました。二〇二〇年度は、合計一六回の日曜日、参集型の礼拝を休止し動画配信のみとなりました。合計一五回の日曜日は密を避けるために、九時三〇分からと一一時からの二回に分けての短縮礼拝となりました。その間、旧約聖書では短い説教をしにくいので、しばらく出エジプト記の説教を中断しました。直接、コロナ禍の状況に言及した説教もあります（九「確認」、一四「暗闇」、一六「脱出」など)。

　また二〇二一年二月一日、ミャンマーでは、国軍がアウンサンスーチー国家顧問と大統領を拘束し、クーデターが起こりました。その後、どんどん民主化運動に対する抑圧が強まり、今もそれは続いています。説教をする時にも、そのことを心に留めてきましたが、出エジプト記による説教は月に一度だったこともあり、この説教集の中では、直接そのことに触れたものはありませんでした。

　さらに二〇二二年二月二四日には、ロシア軍のウクライナ侵攻が始まりました。侵攻開始直後の説教(二〇「抗議」)では、冒頭で、直接このことに言及しています。その後もウクライナの人たち、またこの戦争の影響を受けて困窮している人たちのことは、ずっと重荷として、心に重くのしかかっています。戦闘は今も続いています。私たちは日本人として、この問題、この戦争にどう向き合えばよいのか。それが大きく問われているのだと思います。

　私はニューヨークのユニオン神学大学院にて解放の神学のダイナミズムに触れ、ブラジル行きを決意しました。そしてブラジルにおいても、解放の神学の現場(キリスト教基礎共同体他)から多くのことを学ばせていただきました。その意味で、「神の民の解放」をメインテーマとした本書は、これまでで最も私らしい説教集になったかなと思います。

表紙には、今回も桃井和馬さんの写真を使わせていただきました。ギニアの子どもたちのはじけるような笑顔は、解放の喜びと未来への希望をよく表していると思います。今回も、岩橋常久さん、小友聡さん、山田泉さんが原稿を丁寧に読んでくださり、適切なアドバイスをくださいました。またキリスト新聞社の編集者、桑島大志さんにもとてもお世話になりました。ありがとうございました。

本書は、コロナ禍にあって困難な中、よく説教に耳を傾けてくださった鹿児島加治屋町教会の方々にささげます。

二〇二三年九月五日　鹿児島・加治屋町にて

松本　敏之

松本敏之（まつもと・としゆき）
日本キリスト教団鹿児島加治屋町教会牧師。学校法人鹿児島敬愛学園敬愛幼稚園園長。
1958年、兵庫県姫路市に生まれる。立教大学文学部キリスト教学科卒業、東京神学大学大学院修士課程修了、ニューヨーク・ユニオン神学大学院STMコース修了。
日本キリスト教団阿佐ヶ谷教会伝道師、サンパウロ福音教会牧師、ブラジル・アルト・ダ・ボンダーデ・メソジスト教会牧師、弓町本郷教会副牧師、経堂緑岡教会牧師を経て、2015年より現職。
著　書　『神の美しい世界――創世記1～11章による説教』『神に導かれる人生――創世記12～25章による説教』『神と人間のドラマ――創世記25～36章による説教』『神の壮大な計画――創世記37～50章による説教』（以上、キリスト新聞社）。『マタイ福音書を読もう』全3巻、『ヨハネ福音書を読もう』上下巻、（以上、日本キリスト教団出版局）。
監修・共著　『牧師とは何か』、『そうか！ なるほど‼ キリスト教』（以上、日本キリスト教団出版局）。

装丁：長尾　優
カバー写真：桃井和馬

日本基督教団讃美歌委員会著作物使用許諾第5253号

神の民の解放――出エジプト記1～18章による説教

2023年11月24日　第1版第1刷発行

著者　松本敏之
発行所　株式会社 キリスト新聞社
〒162-0814 東京都新宿区新小川町9-1
電話 03（5579）2432
URL. http://www.kirishin.com
E-Mail. support@kirishin.com
印刷所　光陽メディア

ISBN 978-4-87395-828-6 C0016（日キ販）　Printed in Japan

キリスト新聞社

神の美しい世界
創世記1～11章による説教

松本敏之 著

現代の私たちは、創世記から何を学び、
そしていかに生きていくのか！

四六判　266頁　1,980円

神に導かれる人生
創世記12～25章による説教

松本敏之 著

現代を生きる私たちの人生ドラマにも
重なる、アブラハム物語！

四六判　268頁　1,980円

神と人間のドラマ
創世記25～36章による説教

松本敏之 著

神の選びにふさわしい器へ！
試練を経て変えられるヤコブの人生。

四六判　194頁　1,540円

神の壮大な計画
創世記 37 ～ 50 章による説教

松本敏之 著

計り知ることのできない神の祝福が
ヨセフを通して世界に広がる！

四六判　194頁　1,540円

重版の際に定価が変わることがあります。価格は税込。